心的痛，身體都知道

安靜 著

YOUR BODY TELLS
WHERE YOUR HEART HURTS

《默然，安靜》

一碗古樹茶，品久遠的記憶；
一縷手搓香，聞悠長的韻味；
一紙淡素白，寫輕柔的心情；

不去追求甚麼，名利，不過剎那芳華；
不去嫉妒甚麼，多寡，不過腹中胸量；
不去執着甚麼，擁有，不過一場虛幻；
不去放棄甚麼，此刻，就是永恒。

心中安穩，
默然，安靜。

——安靜

序一　安靜，那些不為人知的面貌

安靜，一個在我眼中極不安靜的女性。她是一個擁有很多種面貌的女孩子。最初在一個不丹的活動中見到這個子小小的她，年紀輕輕卻責任重重，忙碌地為來自不丹的國家級人物——不丹國家博物館館長作翻譯工作。依稀還記得那一幕，她靜靜地聆聽着館長的每一句話，然後全心全意地、完完全全的翻譯出來。**原來她是一個修行人！**

在身心靈平台的活動中見到她同時安排着幾十場活動，整天跑上跑落，絕不言累，只是用心去做，活像一個千手觀音。**原來她真的很能幹！**

及後真正認識她了，明白她的輔導工作，亦曾接受過她獨有的輔導方法，看到她的特色，她比一般人細緻，她不單能夠留心個案的一顰一笑，更能同時留意到自己身體細緻的變化，從自己身體的反應返照出對方隱藏的身心問題。**原來她有這**

麼深厚的功力！

這些年我們成了忘年之交，知道她在情海中的跌跌撞撞，那種迷失和迷惘沒有淹沒了她，只令她更洞察別人的苦，感受別人的痛，她是這麼容易走進別人的心，溫柔地陪着一個又一個迷失的靈魂，因為她明白愛的重要，療癒是要付出無比的愛心。**原來她付出的同時亦是多麼渴望被愛着！**

在我多年輔導工作中，分享不少個人經驗給年輕的輔導工作者，她是我見過最「超脱」、最「有個性」的一個輔導工作者。

這麼年輕的她已看透了身體的病是源於我們忽視了心靈的需要，「有諸於內，形諸於外」，當我們忽略了我們情感的需要，情緒便告訴我們應面對眼前的困局，但我們卻逃避不去看，最後我們的身體便只有發出嚴重的警告！人便生病了！

安靜助人不倚賴精神科藥物，只全心全意用「心藥」、用「關愛」、用「陪伴」、用「真心話」去幫助個案解決心中的鬱結，這才是真正的「對症下藥」。

或許對於香港人急急求變、倚賴藥物的習慣，心理輔導並不是靈丹妙藥，沒有即時功效。但從事心理輔導工作的人若不能看穿這個真相，有一個堅定的信念、清晰的洞察力及被批判的勇氣，我們又怎能稱得上是有心有力的助人者！**原來她選擇了一條較難行但絕對正確的路！**

安靜，祝福您選擇走上較少人願意行的路，但您的大愛能足以照耀這條黑暗的道路，您的堅持和信念，將陪伴着孤單的人一步一步邁向光明。

黃茵　—　資深心理輔導、九型性格培訓導師

序二

痛的呼喚，心的覺醒

認識安靜是二〇一五年一月的事情，那時候她在香港大學攻讀輔導心理學碩士，剛巧編到我的班上。那時候她已經學會不同的治療方法，還來學院學習，是個好學謙虛的學生，明亮的眼睛裏總透着一點靈氣。前兩天，收到這本書的稿件，一看就愛不釋手。

我們大多數的人都沒有一雙完美的父母，永遠理解自己的需要，也不可能有一個沒有絲毫挫敗的成長環境，所以成長中我們多少都受過傷害。那時候我們還年少，只會以那時候自己懂得的方法去應付，很多時因為不懂處理，只好把創傷壓抑。長大後，我們或許都遺忘了那些遙遠的事，可是身體卻儲存了所有受傷的記憶，它會以各種身體症狀或情緒反應呈現，提示我們心底裏，還有一些創傷需要被療癒。

我們的想法也許會欺騙我們，可是身體是最誠實的。安靜這本書《心的痛，身體都知道》，正好讓我們明白過去受創的經驗、生活環境的塑造如何影響我們的身心狀態。安靜以不同的個案故事講述她作為治療師如何帶領求助者，找到身體症狀如皮膚敏感、心痛、癌症等病痛的源頭，慢慢讓求助者從理解中放下心結，得到轉化和療癒。

在書中你會看到安靜如何陪伴求助者走過生命的低谷；有時候作為心理治療師不是用甚麼技巧讓求助者得到療癒，更多時候是治療師本身的真愛把人們療癒了。

安靜以她真摯的情感和細膩文字，不單剖析求助者的轉化，也坦誠自己過往的經驗和頓悟，是本非常值得您用心閱讀的好書。

陳嘉詠（Patricia Chan）——臨床心理學家

序三　因病得福，讓痛點變亮點

看《心的痛，身體都知道》，悠悠心動，像看散文和小説，毫不費勁，品嚐親切感人故事，潛藏豐富心理學、輔導學、身心靈、身心症啟示，像感人肺腑的微電影，峰迴路轉，將睿智心靈訊息，滲透到感動人心的尋常關係情節。

安靜能夠寫出如此優秀作品，大抵因為積累無盡心痛的悲歡離合，歷久沉澱，加上成長路上與精神病友多緊密接觸，深刻體驗迂迴曲折的心靈傷痛和情感跌宕，化為柳暗花明的心靈洗滌，開拓身心靈文學的新歷程，實在賞心悅目。

看《心的痛，身體都知道》，你會找到自身獨一無二的心靈空間。

周華山博士——自在社創辦人

自序　那顛覆我人生的個案

傳統的身體治療及心理治療，都是身歸身、心歸心，身體的疾病和心無關，心理的疾病也和身體分割。最令人莫名奇妙而又廣而行之的，是心理的疾病都只是身體的疾病造成，和心理無關。例如抑鬱症只是腦分泌出了問題，而不是因為那悲慘多舛的人生。

我從前迷信科學，也一直乖乖聽從權威人士口中的「科學」與研究。然而直至踏入心理輔導與治療專業，我發現很多個案，若只單純憑「A與B」之間這種天真得彷彿有點智障的關係，去解讀一個人的整個人生，而且是那些經歷了許多起伏跌宕的個案們的人生，真的很傻很天真。

然而，這就是你我他，以及整個世界。我們又何嘗不是以螻蟻的視野去評判整個宇宙？科學家其實未必這麼天真，天真的是相信單一科學結論就是全部的平凡人。人總是看見那條救命的蘆葦，便以為整個人生都可以被拯救了，殊不知那不過是生命一瞬間的事實，而在更漫長的生命中，這條蘆葦，只不過是那億萬分之一的重量而已。而不同門派的心理學，又何嘗不是這樣。

當我日漸深入心理輔導與治療，我便越感到渺小，往昔透過書本學習回來的、科學研究中證明的，固然有其真實與重要性，然而，那都不過是無數碎片中的其中一部分。而即使我能收集到所有碎片，也仍然無法明瞭全世界、全宇宙。

直至有一天，一個年邁的個案，踏入我的輔導室。她的出現，顛覆了我一直所相信的「心理輔導」，把我帶領到一個我一直看見，卻一直不敢去相信、去跨越的新世界。

那就是「心理輔導與治療」。

身體的痛，心把它治好了

記得當時她相約會面，但接近相見的日子，她表示因扭傷了腰，痛得連走也走不動，看醫生後病情反覆，會面要改期。隔了兩周，她忽然表示決定要前來與我會面，即使我表示她身體不適，應先休養，她竟説：「直覺告訴我，我看醫生也不會完全復原，你才能幫到我。」

當時我心中既想推搪，但直覺又告訴我她也許是正確的。想推，因為個案太大的期望反而令我卻步，更何況她言談中隱約是覺得我「能幫她處理身體問題」，更甚於心理問題。我一直做個案都非常小心，管理好個案的期望，也是避免讓他們受傷的要點。

然而這一次，我真的有一種感覺，也許我的心理專業，能對個案的情況會有些幫助。那時候我在心理輔導與治療上已有一定經驗，在許許多多前人的經驗中、書籍中、朋友口中，以及我自己的經歷中，也看到因為心理治療後身體病症大幅改善的狀況。

當然，我也再三強調，我們不能以「治病」作為前提，因為我真的不是受過專業訓練的醫身體的醫生。在我這裏進行的，永遠只是「療心」。雖然我心裏非常清楚，透過「療心」，身體可能會有難以想像的好轉，甚至乎，有時比藥物更靈驗。

婆婆踏入輔導室時，撐着一枝枴杖，彎身手按着腰，舉步維艱。她表示之前痛得無法步行，看醫生後已有好轉，現在能靠枴杖每半步、每半步地逐點行走。

我問她，醫生檢查後如何說？她表示，「腰椎間盤L4及L5變梯形，由下而上有八節有骨刺」，痛起來「插針般痛，彷彿骨斷了插着肉，只有右邊痛」。而一至十度的痛楚，她表示達到十度那麼痛。

詢問病史，她若有所思地表示：「當年丈夫離世後，我也是有七、八個月都有類似的狀況。」在不少個案身上，我們都能看到這種類似的重大創傷事件，與身體狀況彷佛有着微妙卻又千絲萬縷的關係。

當時的我雖沒有說出口，但隱隱然覺得今次個案的腰傷，很可能與丈夫有關。個案表示，當年丈夫突然過世，她心情頹喪，失去了生存意志，萬念俱灰，腰骨也無力，行每一步路都舉步維艱。她最大的痛苦，是內疚。因為她，無法在丈夫離世時陪伴他。

個案的悲傷與情緒，顯然是未被好好處理與轉化的創傷。而這種創傷與失去，更令她失去生存的意志，難以繼續活下去，故此出現「舉步維艱」的狀況。

於是乎，我幫助個案進入催眠狀態，與潛意識中的「丈夫」對話。

一般人總是以為由於個案對丈夫過身的悲傷、內疚，才會導致心情落寞，甚至乎出現身體疾患。然而，在我多年的經歷中，這些往往不過是一般人以為的「表象」而已。人心有不同的層面，用頭腦想出來的東西，其實很有限。而真相，往往藏在潛意識之中。

潛意識會透過不同方法，例如身體或夢境，來告訴我們，腦袋所想的，未必是你以為的真相。潛意識的會面中，「丈夫」表示：「對不起，當年我訂了一隻很貴的小狗，其實是因為感到孤單寂寞……我一直都很內疚，因為我以前無法經常陪伴你，你不要再內疚了，也不要擔心我，因為我其實一直都在你身邊，一直陪伴着你。」

每一字一句，由婆婆口中說出來，都滲和着溫熱的眼淚。連她自己都意想不到，潛意識中的丈夫，竟然對她充滿內疚。婆婆多年來都表現出自己是個堅強的女子，但其實一直在硬撐。她一直不敢接受自己也有軟弱的時候、懦弱的時候。

身體的腰痛，彷彿就在告訴她：「傻瓜，你不必逞強的啊。」「你知道嗎？你一直被自己的內疚折磨，但你丈夫其實不是這樣想的呢。」

當情緒釋放了，婆婆回到清醒時，表示身體的痛楚減輕了許多，「心中有很大的壓力離開了身體」，覺得整個人都輕鬆了。痛楚由一開始的十度，也在進入輔導室起短短的一個多小時後，銳減至五度。

而那烙印在我心中的畫面，就是婆婆一邊笑着，那已乾的淚痕把臉上蒼老的皺紋都拉緊了，皮膚光滑了，彷彿年輕了十年，笑容綻放出一份獨特的神采與光芒。她一手拿着枴杖，一手扭開門把向我揮別再見。

是的，她走的時候，不是撐着枴杖，而是拿起枴杖，雙腳穩穩地踏在地上，腰背挺直地踏出大門。我想那一刻，她也忘了自己是撐着枴杖步入這門口的。

當天晚上，她的腰痛竟全部消失了。

我建議她仍然去看醫生，讓醫生好好檢查，並持續醫生建議的治療。我從來不會叫個案不看醫生、不吃藥。除非藥物令個案神志不清，否則對我來說根本沒有影響。而大部分的時候，他們看了醫生回來，說「連醫生也說我好得快了很多」，這對他們也是一支療癒的強心針。甚至更多時候，醫生的存在，幫助我有一個更客觀的專業判斷，去審視我在個案身上的心理治療，是否奏效。

這奇跡般的故事，重重擊中我的心。它讓我看見以往在專業學習中無法看見、無人提及或不敢提及的另一個面貌。

科學的訓練，告訴我要多角度思考。對於個案的狀況，專業的訓練也告訴我不要忽視任何細節。而這一次，透過療心，即使過程中半點「身體治療」也沒有做過，然而個案身上，一個七十歲的老人身上，出現奇跡般的好轉，令我不得不承認，這世上還有很多尚待發現的治療方法。

楊定一博士在《真原醫》中表示：「健康不只是身體表象也是心理狀態；兩者事實上是一體的，卻也互相影響。」

自此之後，我更專心致志探究身、心、靈整合的療癒方法，因此，我的心理輔導與治療，更漸漸演變成榮格式的精神分析，雖以「心理」為主，但以「身心靈療癒」為實，因為身心靈本是一體，分不開的。

所有的治療，都是自我療癒。所謂的「醫者」，並非是「醫人者」，而是「輔助病人醫好自己的人」。

婆婆，並不是我治好的，無論是她的心，還是她的身。我只是一座橋樑，幫助她和自己的潛意識接通，發現到自己內在那「治療身心的特效藥」而已。而那藥，也往往，就是「疾病出現的根源」。

解鈴還須繫鈴人。而科學，也在這助人的路上，變成了一個更有意味的重要輔助。科學研究的存在、理論，一定有其可信性與真確性。我不欲成為那些一碰身心靈便對科學嗤之以鼻的人，因為在我眼中，這和那些將身心靈分割、頭痛醫頭、腳痛醫腳的人並沒有多大分別。身心語言程式學（NLP）教導我們，每一個人身上都必定有值得我們學習的東西，更何況是多年來在高等學府的知識寶庫？

不同門派的學科、不同的驗證方法、不同的理論，終歸有整合的一日。只要是有利於大眾，又何必在乎甚麼門派與門戶。正如楊定一所言：「若有矛盾，也只是在人的一念之間。」

這本書所談的，就是身體與心理、心靈之間的故事，那些在我身上所發生與親眼目睹的故事和片段。我相信，世間所有的緣份都不是偶然的。正如我遇上上述個案中的婆婆，令我茅塞頓開；正如這本書出現的契機，彷彿那麼隨意，又那麼的順理成章。因此我相信，正在閱讀這書的你，也一定和書中某些文字或故事，有某種特別或命中注定的緣份。

也許，這就是那條你能「療癒己心，療癒己身」的藥引。

信任上天的安排，因為所有的安排，都是最好的。

安靜　二〇二〇年六月

備註：為保護個案私隱，故事中的內容和角色都經過修改及調整。

目錄

前言　活着時的每一個瞬間

在網上看見這個小故事：

有一個人往生後，才意識到自己的生命如此短暫。這時，他看見佛祖提着一個箱子向他走來。

佛祖說：「好了，我們走吧。」

男子說：「這麼快？我還有很多事情未完成呢。」

佛祖說：「很抱歉，但你的時間到了。」

男人問佛祖：「你這箱子裏面放了些甚麼？」

佛祖說：「你的遺物。」

男人疑惑地說：「我的？你的意思是我的東西，衣服和錢嗎？」

佛祖說：「那些東西從來就不是你的，它們屬於地球。」

男人又問：「那麼是我的記憶嗎？」

佛祖說：「不是，它們屬於時間。」

男人猜測：「那麼是我的天賦嗎？」

佛祖回答：「不是，它們屬於境遇。」

男人問：「難道是我的朋友和家人？」

佛祖說：「不，孩子，他們屬於你走過的旅途。」

男人追問：「那麼是我的妻子和孩子們？」

佛祖說：「不，他們屬於你的心。」

男人說：「那麼一定是我的軀體！」

佛祖：「不，你的軀體屬於塵土。」

最後，男人肯定地說：「那一定是我的靈魂！」

佛祖一笑而過：「孩子你完全錯了，你的靈魂屬於我。」

男人眼含淚水，從佛祖手中接過並打開了箱子——裏面空空如也！

他淚流滿面，心碎地問佛祖：「難道我從來沒擁有過任何東西嗎？」

佛祖：「是的，世間沒有任何東西是真正屬於你。」

男人：「那麼，甚麼是我的呢？」

佛祖：「你活着時的每一個瞬間都是你的。」

那些我曾經死去的日子

在二〇〇九年冬天，我在捷克居住了一年，在二〇一〇年下大雪的日子，我回到香港。在寫這本書的時候，想不到，剛剛好十年過去了。

十年人事幾番新。在這十年之中，我的變化真的非常大。

有些人説，當一個人死了之後再活回來，他的人生和性格會大變，我想，這句話用在我自己身上，也不誇張。

二〇〇九年十二月，我剛到捷克，曾經在零下二十二度的大雪天，在沒有暖氣的小型貨車車廂中幾近冷死。那時候，我待在車廂中八、九個小時，四肢僵冷，動彈不得，已無再多可穿的衣服，但寒氣從車底直逼到身上，記得我曾在迷糊間拿起一樣東西看，卻是我已麻痹得失去知覺的左臂。意識中，我只能維持着一個念頭：「捱過這一秒。」因為我很清楚，我的力量與意識的專注力，只夠捱過當下的這一秒。要想幾秒那麼長的話，便會死掉。

這是一種極強度的專注力訓練，因為每一秒，都是生命的最後一秒。這一秒，也是延續下一秒的關鍵。

而只要專注力一散渙，生命也便隨風而逝。

而當一秒一秒過去，當太陽高高升起，我踏出車廂的那一剎那，我發現，整個世界的顏色再不一樣。

過了不夠一個月，我在零下十七度的冰上狠狠摔了一跤。左邊盤骨向上移位，令左腳短了近兩厘米，傷及尾龍骨，重傷得幾乎幾個月都無法出門。當時延了七天才求醫，但求醫時捷克的診所不收、醫院又太可怕，最後在一個會推拿的草藥醫師幫忙下，才將盤骨移回原位。那小房子種滿了鮮花，那胖胖的醫生白髮蒼蒼，就像童話故事中的世外高人。

從此，我的左半邊身感覺不再一樣了。

有時候回想，我會覺得我的左半邊身體，也許早在我困在極寒的車廂中時，已然死掉。而現在活着的，是從幽冥及鬼門關回來的半邊身。因為某些原因，它沒有死掉、癱掉，而現在別人看來，根本像個正常人一樣。除了我自己，感到這半邊身體那一份與右邊身體完全不一樣的存在感。

我很多感應都從這半邊身而來，那是一種非常特別的敏銳度。

人生其實不像電影那麼震撼，當年我面對死亡的時候，活回來時，並沒有瞬間像一個小毛頭被蜘蛛咬了那般出現基因突變。人生，是一連串不斷的改變。每天一點一滴，驀然回首，已是百年身。

就像那車廂中一秒一秒的延續，一秒一秒的改變。滴水能成海，每一點的小變化，日積月累下來，就是整個生命被改寫。

二〇〇九年之前，對現在的我來說，彷彿是遙遠的上一輩子。那一個我，彷彿已不復再，但仍在記憶之中有一種似有還無的存在感。大苦大難，總是帶來震撼的領悟，有些人瞬間便明白了，但有些人，像我一樣，一點一滴累積在學習與改變。

當和二〇〇九年之前的自己漸行漸遠，我方發現，原來在某些日子，我不曾好好地活着。就如上面的小故事，我們總以為自己擁有很多東西，很多都放不下，但原來真的要放下時，沒有甚麼放不下。

人活着時，重要的從來不是物品，又或甚麼功名利祿，更不是自我的虛榮。人活着時，最重要的，不過是能夠感受到的每一個瞬間。在這些感受之中，我們，才活着。

真真正正地活着。

從靜心中，看見心和身的相互影響

也許因為變得這麼慢，而我又這麼敏感，故此才能成為一個心理治療師。這種緩慢的演變，讓我看得見、感受得到，在生命之中，那些平常人未必會明瞭或覺察的細微變化。

而在我的身上，我看到了心和身重大的相互影響。

從我受傷開始，我便每天靜心，風雨不改。從二〇一〇到二〇二〇年整整十年，我生病的次數越來越少，至少五年，我沒有看過西醫（意外受傷進院及身體檢查不算），也沒有吃過西藥。而且越病越少（若吃錯東西不算的話），最近三年，可以說沒怎麼生過大病。每當稍有不適時，打坐調整一下、休息一下便都全好了。

當然，這不代表我的健康異於常人，我也有心情高低起伏的時候，而往往經歷低潮時，會很明顯地感受到身體變得虛弱，傳染病進入體內也比較容易感受到。我們常常說靜觀是訓練覺察力的方法，長久以來每日的鍛煉，當身體受病菌侵襲時，也便能覺察得到。這時若能即刻作出調理，自然痊癒得快，甚至乎，有時快得看似沒有病過。

也就是這種對自己身體細微變化的覺察力，幫助我覺察個案們的變化。由表情、說話聲線、身體姿勢，小至皮膚上的某片色澤、氣場、情緒轉化時能量的變化，以及二人之間的互動與連結。

我不是一個超人，我也不過是一個凡人。我知道，我的能力有限，因此在那小小的治療室中，我只能盡最大的努力，用心去幫助個案們成長、學習與轉化。因為心理治療，其實很多時，都來自當事人的一份智慧和領悟。

簡單的快樂

熟我的朋友，都知道我和不丹有着一份宿世的緣份。不丹人的生活簡單純樸，他們的快樂，我總覺得滲透着一份大城市失落了的智慧。走在不丹的森林中、河流邊、沒開發的山路上，或置身於山洞中，那古樸的感動，恍若前生的回憶。

轉山轉水轉佛塔啊，只為途中與你相見。

二〇一九年十二月，香港動盪不堪，我專程飛到不丹為香港祈福。不丹的朋友們，替我安排了與某位年輕但地位極崇高的寧波車會面。而他，是幾乎不見外人的。聽說，他是不丹的國寶和傳說。

而我們，沒有人真的認識他。而這次會面，我們也不知道他為何會答應。我平生有幸見過不少高人、大師、寧波車，但沒有任何一位，有他身上獨特的氣質。

他讓我印象最深刻的，是那一份平凡。

那是一種，經年累月被訓練出來的平凡。也許因為，他從小便是那麼的不平凡吧。他是我認識的人之中，罕有能清楚記得前世的人。而他的記憶，乃在三、四歲時便被發現。發現他的人，是不丹的國王和王后。

寧波車在不丹，受萬人敬仰，他身上那一份傲然卻被一份平凡包裹着，那是一種很奇特的感覺。但當他笑的時候，整個房間，甚至乎靈魂都彷彿被照亮了。那可以說，是我這輩子，見過最難忘的笑容。

不知道為甚麼，我覺得那笑容裏，有一份難以言喻的愛。

他說過的話，我幾乎一句都記不起來。但這份愛和笑容，把當時受傷的我，療癒了。

療癒，不是一種技術，而是一份愛

記得某次個案前來，透過催眠，他發現自己身上爆發的嚴重濕疹與抑鬱，乃因為生命中缺乏愛。我問他：「你想想，現在的人生中有誰是愛你的嗎？」

他沉默良久，說：「我想不到……」

他頓了一頓，吐出一句：「你啊。」

那刻，我悲傷又感動。我很清楚，他並不是説男女之情，而是指我是一位真心關愛他、渴望他擁有幸福的人。也許，我並不是世上最出色的治療師，然而，至少在個案心中，我是一個真心關心、關愛他們的治療師。

哀莫大於心死，而愛卻能拯救眾生。

我縱然未必擁有治療他們身體疾病的神奇力量，然而，至少，我讓他們心中感受到一份關心與愛。那麼，疾病，也會少一點痛苦吧。

安靜

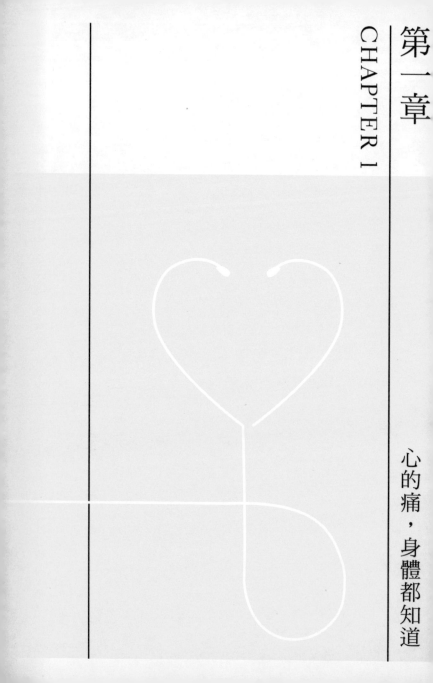

第一章

CHAPTER 1

心的痛，身體都知道

身心靈大師露易絲・賀（Louise Hay）表示，不同的情緒如恐懼、憤怒、悲傷、愛和喜悅，對身體會產生不同的影響，例如憤怒時肌肉會繃緊、血管收縮，心臟問題與人缺乏快樂有千絲萬縷的關係。

一行禪師也說過，頭痛、敏感等可能和精神健康有關，當內在情緒被壓抑，即使遵從醫生指示服藥，也有可能令病情更嚴重。

1.1

身體的痛點，心的痛點

身心靈，環環相扣，心中有傷，心中不願承認、接受或面對，潛意識就會從其他方面入手。

肺炎疫症全球爆發，停工停課，很多人待在家中無事可做。有次一位學生問我：「老師，我快憋死了！你怎樣都不覺得悶啊!?」

我說：「在家裏那麼多事情可以做，怎會悶？」

學生說：「那你教教我！」

我說：「那好，那你就坐着，甚麼都別做。」

學生說：「嗯，你在忽悠我嗎……？」

我笑說：「坐着不動，就是忽悠你嗎？我還擔心，這動盪，你承受不起呢。」

不動，就是為了看到最美風景。

很多人會覺得發掘新奇有趣的事物，往往要「走出去」，例如去行山、去旅行、去報個興趣班，又或認識新的人事物；然而，其實我們也能透過「覺察自己的身體」去發掘、發現自己生命中不同的面貌。

而當我們去「覺察自己的身體」時，最先的第一步，就是讓整個人，連同思緒，都靜止下來。

有一位事業有成的男子，正如許多他的同類人，有房、有車、有美麗的太太、難搞的子女、看去幸福美滿的家庭、相處不愉快的同事，一肚子抱怨與憤怒，以及婚外情。

每當他不斷地發着牢騷，而我又覺得聽得差不多時，便會跟他說：「先停一停。」有時候，他會把我沙發的枕頭扔在一旁，有時候，他會大口大口喝下杯中的水，添完再喝。

我建議：「停下來吧，甚麼都不要做。」我請他閉上眼去感受身體，哪裏感受最不舒服？他說是胸口，脹鼓鼓的，有種壓迫感。他有強烈的憤怒，卻發不出來。

他身體顫抖着，緊握拳頭。

這些年，我變得越來越敏感。隨着修行、隨着自我療癒、隨着對心理學知識與療法的好奇與探索，更因為個案們的信任，我有時候會感覺到別人的感覺。有時，這是一種福氣，有時，也是一種痛苦。

我的胸口彷彿有一種被一段往事壓着、不能宣洩出來的委屈和憤怒。我記得，這男子，有輕度的心臟病，不時會有胸痛和呼吸困難的狀況。

我想起了心理學上的一種身體疾病「心碎症候群」。

這男子感覺胸痛時，說想起了初戀女友。原來，他心中的壓迫、憤怒、痛楚，來自於初戀女友劈腿的經歷。當年他回到家中，卻看見赤裸的女友與一男子在床上纏綿，大受打擊。自此之後他沉淪了好一段日子，結婚後，和太太性生活不協調，太太直言不喜歡和他赤裸相對，二人自生下小孩後，已多年沒有行房。

當然，和太太的感情關係，再次傷及他的男性自尊，對生命不滿、關係不滿的怒火，遂長年壓抑在胸口。即使事業多麼有成就，還是覺得生命滿滿都是不如意。

解開這兩個心結後，他長長舒出幾口氣，表示感覺好多了。然而，我看着他的表情，還是隱隱然有一種沉鬱。他說，他的胸口，由剛才強烈的壓迫感，變成像一條被人扭到變形的毛巾，那是一種扭着的痛。

靈機一觸，我問：「你跟你父母關係如何？」

他說，父母都很疼愛他，他有一個愉快幸福的家庭。雖然小時候不算富裕，然而大家都相處融洽，沒甚麼爭執。而他，也記不起甚麼重大的傷痛事件。

父親經已過世，他和母親相依為命，但日子也算愜意。然而，當他回想和父親的片段時，總不時皺眉。而他皺眉時臉上掠過的表情，也彷彿像是一條被扭曲的毛巾。

我開始細問他父親的事情，每說一句，他身上所散發出來的一種悲傷，彷彿像一扇久沒打開的門，內裏陳封多年的瘴氣，緩緩散出來。當說到，他父親是在家中突然中風過世的，而且，是他早上起床時發現時，他一直默默流下的眼淚終於爆發，忍不住號啕大哭。

洋蔥層層剝開，一層一層的生命際遇，一環一環緊扣着的心痛和心碎。父親，才是他心碎、心痛、心臟病，以及悲傷、委屈與痛苦的源頭。

很多人一直沒有好好療癒內心重大的悲傷、痛苦，還一直每天過着日子，其實人生還是不斷被這些壓抑着的痛苦深深影響着。

因為他內心對父親感情的壓抑，令他不敢好好去愛一個人。在他的內心深處，有一個重大的創傷，總是懼怕深愛的人會突然離開。因此初戀女友劈腿，很大原因，也是因為感覺到他這種若即若離。而太太不願和他親熱，亦和他對親密關係的恐懼有重要關係。

當這男子重新去感受、感覺、接納這份藏在心底深處的傷痛時，他那被打開的傷口，終於被重新治療、消毒、包紮、癒合。正如床底下的垃圾，是的，掃出來時也許會有一陣強烈的惡臭，但總好過一直藏在床底下，那腐爛的氣味和細菌無時無刻蠶蝕你的身和心。清掃乾淨了，心情就好起來了，房間照進來的陽光，也多了一份清新的氣息。

窗外緩緩飄進來白蘭花的花香，終於，也能聞到了。而他，忽然記起，小時候父親也曾拖着他的小手，在樓下路邊的小攤檔中，粗糙卻溫柔的手指將一朵芬芳撲鼻的白蘭花放在他小小的鼻子前，那綻放的笑容，也曾像那空氣中瀰漫着的香氣般，溫柔地照亮着整個世界。

那個，他曾容許自己深愛着父親的世界。

身心相連

身體，是潛意識用來溝通的重要渠道。另外的一個渠道，是夢境。身體的疾病，從來不是只從身體入手便可解決。身體的健康，更不是只從生活習慣與飲食便能成就。身心靈，環環相扣，心中有傷，心中不願承認、接受或面對，潛意識就可能會透過身體來告訴當事人。

身體的疾病，總是和心理創傷或心理狀態有着千絲萬縷的關係。當心理創傷或情緒得到紓緩，身體的不適總是會神奇地好轉起來。雖然會否完全復元還有很多不同的影響因素，甚至乎和個案是否繼續正式的身體治療有關，但當中身體好轉的狀況實在是不容否定的事實。

當你覺得待在家中沉悶的話，試試看，甚麼都不要做，就坐在那裏，或躺在那裏，單純地去感覺身體細微的每一寸肌膚。也許，你會在某條陳年的疤痕中、某處隱隱刺痛的舊患中、某塊不時跳動的肌肉中，發現到你人生中，精彩絕倫的故事。

1.2

去看醫生的是皇帝，去看心理治療的是凡人

那些帶着看西醫治身體疾病的心態，前來看心理的客人，往往令人有點頭痛。需知身心相連，心理治療從來不是特效藥。

當你做心理治療久了，總有些人以為你有超能力，怎麼個案才見了兩三個月，便變了另一個人似的。

我總是給予一個很呆的表情，心想：「那是因為一般人一直都覺得心理治療沒有用啊。」正如你從沒吃過止痛藥，便一直以為瞬間止痛的是超能力而不是藥。現代社會迷戀科技，甚至在身心靈的世界，也弄出一大堆測量氣場、脈輪、能量頻率的儀器；至於最原始的心理，由於難以看得見數字的變化，甚至不容易量化，因此被嚴重忽略。

而事實上，心理治療和吃藥的確無法相比，即使用金錢、時間、精神和心力去交換，也未必人人有一樣的療效。當中可牽涉的「廣度」、「深度」、「短期性」、「長遠性」也不是一般方法可以測量甚至表達出來的。

因為，那改變的地方，並非眼見的肉身，而是看不見的「念」和「業」。一個念頭，就像蝴蝶效應中那次漫不經心的拍翼，會牽動業力與一連串後果，令人的一生出現意想不到的變化。只是蝴蝶拍翼也許沒意識，而人的念則可以透過心理治療而改變。因此，心理治療所能達到的效果，不只是「心裏覺得好些了」，而是整個人生的扭轉。當中，牽涉過去、現在與將來。

有次有位客人前來，是一個嚴重的濕疹加關節炎患者。他一進門便明明白白地說：「我來是想試試你的能力，因為我朋友說你是一個有特別能力的人。」

我心裏不禁吐糟，老實說，我不知道他是從哪裏聽來的。他口中的那個朋友，細節問來問去，我可半點都不認識啊。

那一刻，從他身上散發出來的，是一種封閉而幽怨的感覺。明明是來求助，卻以挑戰治療師的能力作為行動的動力。

這位客人，顯然不是來做心理治療的。他的目的是來「挑戰你的能力」，要治的還不是心，而是身上的嚴重濕疹。濕疹雖是身心症，然而抱着治身病的心態前來，還是治心病的心態前來，效果差天共地。而這，就是我上面所談到「一念之差」的絕佳例子。

當年的我經驗還不足，雖然心裏察覺到這種不對勁，但自傲與爭勝心讓我接下了這個案。

他是一個幾乎甚麼都不願說的人。無論我問甚麼，他都說：「沒有感覺」、「不想提，已過去了」，然後便開始發脾氣，說：「你問這些幹甚麼？我來是治濕疹的！」「怎麼還沒有好轉!?」做催眠，當然半點狀態也進入不了，還加怪責。但其實催眠並不是「我能否把你催眠」，而是「你是否願意被催眠」。

才見第三節，他一進門便質問：「怎麼還未好？」

我直接跟他說：「因為你是來治病，不是來治心。」他臉色有變，想發飆，說話前我把他打住：「我這裏是做心理治療的，不是身體治療的，你一開始就知道。」

我說：「你如果不肯打開你的心，我會說你留在這裏也是浪費時間。如果你打算繼續用看一般醫生的方式來和我相處，也是浪費時間。」

他的臉一邊青一邊紅。

「因為我是輔助你治好你自己，不是我來治好你。而我這裏必須的要求，是你會去看你的心。」我停頓下來。他也陷入沉默。

「你可以選擇繼續拒絕回答我的問題，但如果你選擇這樣做的話，我會請你離開，我的時間也很寶貴，而且我有道德，既然無效我就不賺你這一節的錢。我也建議，你以後不必再來了。同樣，你也可以選擇去接納我這裏的方式，用心去感受這是一個心理治療的輔導室。前兩節我認真的幫你，所以錢不會退。至於你還要不要做下去，那是你的決定。」

他沉着氣，不語。他知道自己理虧，而且的確，也根本沒有好好配合。老實說，一個身體被不同疾病所困擾的人，其實最大的心願，還是好轉。

到這時我大概已知道他身體疾病和情緒、心理的大部分關係，欠的只是細節。即使個案拒絕去表達或談及內心世界，但人的個性與行為模式，只要他出現、有說話、有表情、有反應，便已經是一大堆可參考的資訊。他先是「前來挑戰一位有特別能力的人」，這也呈現出，其實他看了醫生多年而治不好，很有可能是潛意識以疾病來挑戰權威、渴望推翻權威、渴望證明自己是獨特的。然而這卻未必是一種證明自己能力的內在渴望，反而，更顯現出其自卑的本質。就是因為自己「沒有足夠的能力、知識、學習基礎與經驗、背景等等」，所以才「不能用知識及專業來取得勝利」，而只能以「製造問題」來挑戰。

但又由於個案其實本身是一個非常善良的人（只是脾氣不好），故此他不會用「外在的惡劣行為」來「製造問題」，又由於情緒無處發洩，亦不懂發洩，故此憤怒、不滿、自卑、悶等等狀況，便往內形成疾病。

身心靈大師露易絲．賀在其著作《身心靈完全療法》中表示，關節炎和「感覺不被愛、批評、怨恨」有關。而濕疹則是「內心躁動不安」。

對應在這男子身上，可謂非常恰當。

當個案開始逐步將自己內心世界打開，他表示自己沒有朋友，小時候，在學校被老師和同學一起欺凌，故此極不喜歡上學，並由此產生對權威的抗拒。父母年邁，長年照顧他們已成為生活的一部分，但這些情緒卻不敢表達出來，因為會被認為不孝。在中國傳統文化中，父母也是權威的代表，因此他即使渴望自由，然而被「孝道」壓下去，無法反抗，而其對權威的抗拒，就日復日不斷累積與加深。

他依然無法用一般躺下來的方法進入催眠狀態（這算是他對我這所謂的「權威」內心小小的反抗吧），但透過不同的方法，當中包括靜觀、換位思考、情緒釋放及轉化等等，再過了一個月，他身上的皮膚已好了大半，而關節炎的痛楚亦有所減輕。

但他還是說：「其實可能和我同時看中醫有關。」「其實也不算好了很多。」當我把拍下來對比的照片給他看時，他才說：「咦？又好像好了一點……」

我眼尾瞄一瞄他，一副沒好氣的樣子，但我的眼睛在笑，他也笑了。對於能讓我這個「小權威」心裏對他沒氣，也是一種對於自己「配合做心理治療」的情緒調節吧。

至少我知道，他的心裏，其實還是認同的。

悶的意義

上面談到「悶」，要詳細說可以寫洋洋萬字，這裏只說重點。人生的悶，其實會造就極大量的問題。許多抑鬱症患者，其實都欠缺生存的意義（覺得活着有意義就不會尋死了），而「悶」也會造成不同的成癮狀況，例如性上癮、酗酒、吸毒等，也是因為內心的「虛空」——我不用「空虛」，因為有些人，根本不覺得或不知道自己很空虛。

悶，也是孤寂的代名詞。

悶，也是塵世中最叫人不知所措的心情，因為連去感覺不知所措，也沒有心情。

悶，會造成不同種類的人生難關、挑戰、災難、疾病、轉化、生機等等等等的狀況。

定位

我常常說「定位」很重要。正如家庭系統排列[1]中所說，家庭成員各有序位。而在我眼中，世間萬物也各有其定位。這也是我會善用「斷捨離」及「整理術」來療癒人心的原因[2]。

念，也有念的「定位」。一念之差，所牽動的業力可說差天共地。這也是大師看一件事、做一件事與普通人的分別，差之毫釐，謬之千里。而念這東西，比我們所想複雜，也比我們所想簡單。

正如一位求助者的念，是「希望好返晒」（希望痊癒），與「希望有好轉」就已經有差別。帶着身體疾病前來的客人，與帶着心理或精神狀況前來的客人，往往會有這種差別。身體疾病的，會總是說要「好返晒」（痊癒），心病的總是說「希望好啲」（好一點）。

有沒有聽過別人（或你自己也是）病了看醫生說：「睇極都未好！」（看了很久也未好）「好啲，又反覆」（好了一點，但病情反覆）「個醫生都廢嘅」（那醫生真遜），但其實期間的好轉，總是很少人說。有時我覺得，西方醫學治病的速度，令人變得貪婪、欠缺耐性，因為總是想以最快的速度「好返晒」（痊癒），因此藥物越來越猛，副作用也更多。那些帶着看西醫治身體疾病的心態，前來看心理的客人，往往令人有點頭痛。需知身心相連，心理治療從來不是特效藥。

但，卻是治本的良藥。

正如一行禪師曾說，若情緒被壓抑了，即使服了西藥，病情也有可能更惡化。因為人總是將身、心分離，只看見身，而漠視了心。

而前來見心理治療師的朋友，他們知道心和自己的整個人生都有關，所以包容與接受度都會高很多，而且會更願意仔細地去觀察生命中美好的變化。沒有藥吃，反而求醫心態更健康。很多時，客人能看到這些生命的變化、心情的變化、關係的變化，那療癒力比起在輔導室中的治療威力大上百倍。

簡單來說，去看醫生的覺得自己是皇帝，而看心理治療的，都清楚自己不過是凡人。

註

1 家庭系統排列（Family Constellations）：由德國著名心理治療師伯特．海靈格（Bert Hellinger）研發，以現象學為主導，把家庭裏隱藏的緊張情緒、衝突和重要的關係影響呈現出來。當中強調家庭中的系統、秩序，並以愛為法則，治療師針對這些動力順勢而為，讓家庭關係出現突破性轉機。不論是形式，過程，效果各方面，家庭系統排列都有令人出乎意料的表現。

2 斷捨離與心靈：萬物皆有能量，人使用的物品，和當時人的心理脫離不了關係。物品擺放的位置、被使用的情況、個人對這物品的感情，均屬於一種心理上的投射。因此當物品被擺放的位置不同，也自然對人產生不同的心理效應。

1.3

像籃球一樣大的腫瘤

人的情緒很複雜，壓抑多年沒有處理過的情緒，更不是輕易能解的結。渴望愛而不敢愛，那才是自己最痛苦的所在。

當看見他的照片時，我沉默數秒，額角不禁冒出冷汗。

照片中的男士，瘦骨嶙峋，卻挺着一個大肚子，像一個籃球般大，恍如懷孕十個月將臨盆的婦女，綳得緊緊的。他的神情萎頓，但眉宇間仍有一份堅毅。

我倒抽了一口涼氣，問學生（男士的親戚）：「有量過尺寸嗎？」她說：「三十三吋。」她吸一口氣：「腰圍，裏面的是一個大腫瘤。」她補充說：「其實這腫瘤不斷在高速變大，這是兩周前拍的，現在不知多少。」

到個案前來時，已過了一周，我親自替他量度，是一百零一厘米，即近四十吋。

他對我來說，是在心理治療生涯中，印象極深的一位。他的腫瘤在短短兩三個月期間不斷變大，大得把肚子撐脹，但他的神情、說話、感受，卻沒有任何怨天尤人，沒有任何需要責備的地方。身上承受着極大的痛苦，卻沒有一般人激盪的情緒，更沒有憤怒與怨恨。縱然沮喪與絕望，但仍徐徐前行。

每次和他會面，我都有一種錯覺，他彷彿，是一尊挺着大肚子的佛坐在我面前，說是來求救，但卻是來救贖生靈的。

他身上，總是呈現出一種異常獨特的氣場。

> 母親，是邪靈還是神靈？

他母親，某次去了內地探親回來後，便失常，不久便從家中跳樓自殺。自此，他作為大哥，背負起家裏的責任，連悲傷的時間及心情也沒有。在我們進入潛意識時，他看見的母親，也不是一個人，而是一隻神獸。

他說：「當年阿媽應該是撞邪了。」

至於撞的是甚麼邪，為甚麼撞邪，媽媽當年在故鄉發生甚麼事，他半點也說不出來。

日本心理學家河合隼雄在其著作《神話心理學：來自眾神的處方箋》中提到：「人類活在這個世界上，不可能斬斷自己與所有事物之間的關聯。」

母親，是多年來家中一個禁忌。全家，都不許提到母親。

壓抑多年在心裏的強烈悲傷、對邪靈的恐懼、母親死因不明的疑惑，甚至乎，對母親的思念，成為了他心裏一道道化不開的傷痕，連同複雜的情緒，混和在一起。

在家庭系統排列中，他由於潛意識忠於對母親的感情和愛，由於母親離世時是「異常的」，故此，他也會以「異於常人」的方式離開這個世界。當然，這一切，他意識中毫無知覺。

河合隼雄亦提到，當人們因失去摯愛而情緒低落，甚麼事情都做不到時，會面對一個重要問題：「他／她為甚麼會死？」，但無論科學或醫生以怎樣的名詞告知，例如「出血過多」之類的說明，也絕對無法滿足這個人的心靈。

因為這種描述，乃出於一個醫生，在為一個與自己無關的人的死亡作出判斷。但當事人想知道的，卻是關於這個「獨一無二」與自己有關的人，為甚麼會死的答案。

在潛意識中，他無法否認母親「變得異常」而自殺的事實，但又不想承認這事實，故此呈現出的母親，便是「神獸」。因為是「神獸」，所以才能接納、才敢觸碰，才不用再恐懼邪靈，才能重新聯繫上母親，才敢去愛。

你也許會問，愛一個人，怎麼要這麼複雜？愛便愛就是了。

男子的心，他對母親的愛，固然單純，但人的情緒很複雜，壓抑多年沒有處理過的情緒，更不是輕易能解的結。渴望愛而不敢愛，那才是自己最痛苦的所在。

經歷過生命中的大苦大難，個案呈現出的後半生，都只是為別人而活。為家庭、為子女、為工作，完全的奉獻。唯獨是，不再為自己做任何事。

他內心深處總是充滿一種大智若愚的感覺，然而，這一份智慧卻是被壓抑着的，他不算聰明，但行事、做人的模式，都處處顯出一份大愛。有時候，望着他，我會有一種在和一個和尚說話的幻覺，他的容貌，也在我面前變成一位穿着素服的修行者。

如果有前生，那這幻象，會是他的前生嗎？

假如可以不死，你願意放下一切嗎？

他來的時候，非常虛弱，被可愛而且比同齡孩子懂事的女兒攙扶着，走路也喘着氣。老實說，我並沒有自信能治得好他，不過是盡力去幫助他心裏過得舒服一些而已。就算身病未必能完全處理，我內心卻渴望，能幫助他多解開一些多年的心結。

其實以他腫瘤脹大的速度，生命已是岌岌可危。我請教過一些醫生好友，以及一些專為癌症患者服務的醫療人士，他們均表示，那是隨時致命的，就算能待，壽命最多只有一個月左右。其實想像一下都知道，挺着一個籃球般大的腫瘤，那是真的天天都可能是最後一天。

經過治療約一個月，我平均一周見他一次，他的肚子已沒有再脹大，而且有變小的狀況，四周後，已縮小到九十五公分，而且男子能自己前來，自己離去，而由地鐵站到我治療室，約需十分鐘路程，他回家，要足四十五分鐘。一個人。

男子由初來時只能吃少量食物，到近乎能正常飲食。女兒還笑說，某次出外用餐他竟然說想吃叉燒飯，吃掉一碗（當然是慢慢吃的）也沒有異樣。相比之前，他只能每頓飯吃一點點東西，而且沒有食慾。

然而，一個月之後，我發生了一宗意外，從工廠大廈的樓梯上狠狠滾了下來，昏迷並受傷送院。那天下午，我本來就是要與他見面。也許是上天刻意安排，那天晚上我約了一對醫生夫婦，他們知道我出了意外，立即前來照顧並幫助我由公立轉往私家醫院，並做足需要的檢查。

那次意外，我受傷的地方主要是嘴唇、門牙和腿。腿傷讓我行走艱難，三天無法出家門，連買碗粥也不行；門牙的傷讓我嘴唇腫脹，而且牙齦發炎、刺痛，無法好好說話。最神奇的地方是，這樣摔下來，我腰椎的舊患竟然絲毫沒有被波及。

但我仍不甘心，仍想繼續下去。但怎知到了再約定見面的那天，我竟然「徹底忘掉了」！那是早上九時的約，我竟然沒有調校鬧鐘，也一直沉睡沒有醒來。

我多年來，對個案從沒有失約。更何況，是如此重要的一個個案。

我總是覺得，上天在跟我說，必須要停止了。也許，我已觸及到一些影響生命的禁忌。如要繼續，必須付出沉重的代價。

我直接跟男子說出因由及決定，他雖然失望，但卻完全明白及接受。生死有命，富貴由天。其實生命走到某一個階段、某一步，總有它運行的軌跡。到最後的結局，其實都是多年的累積，要突破，並不容易。更何況，那是要強行把人生的軌道由原本的方向扭轉。牽涉的，又豈止是自己的人生？

其後我也一直支援他，給他意見去清理家中雜物，讓一直無法流動的能量，至少暢通一些。他最後離開前，我和他在醫院見過一面，那醫院，就是我摔倒時住的同一間醫院。

他已瘦了很多，四周包圍了很多親人，醫生表示應已沒有多少天了。他見我前來，勉力坐起床，跟我說了很多話。

他苦笑說：「你叫我做的事情，我現在還沒能辦到。」

治療最後一節，即我受傷前的一節，潛意識的訊息是：「除非你能放下所有成為另一個人，否則無法痊癒。」

他生命中，最愛的妻子和四個女兒，他無法放下。他無法做到不再為他們去安排、付出，他無法去愛自己多一點。在這段最後的歲月中，能彌補到多年來因工作而忽略了的女兒及妻子，能和他們好好相處，他心裏感到極大的滿足。

他微笑說：「你說過，生病有原因。也許，能感受到她們每個都那麼的愛我，就是我內心最渴望的東西吧。」

一個不斷奉獻的佛，原來也渴望被愛。

我們三月中開始會面，我五月初出意外，他八月初離世。比之前醫生預期的，也多活了三至四個月的時間。

走過鬼門關的我，其實很清楚。要從那邊幽冥的地方走回來，其實要有很大的承諾。回來之後，人生就截然不同了，連自己，也不再是以前的自己。

有時我覺得，那，是一趟活着的輪迴。

也許是上天刻意安排，他離世的那天，恰好是煉心堂——我的診療所的開幕周年紀念日，而我很肯定，他根本不知道。

那天，我事前並沒有安排任何慶祝的活動，反而主要是休息，讓自己靜靜地在內心沉澱。我在晚上十點半收到他離世的消息，彷彿我的潛意識也早準備在這天為他送行、祝福。

但願你在天上，一切安好。

1.4

收縮的心，未能忘懷的恨

身體上的一點小痛，蘊含的威力十分巨大，因為它可能隱藏了你無法奔往夢想的那條路障。

她坐在我前方，表面上沒有特別的狀況，由於是長期客戶，故很自然地說着生活的事情。然而我卻渾身不舒服，肩膊酸痛、拉緊，一種極疲累的感覺襲來，稍不留神便能隨時入睡，而且我發現自己總不自覺地用手不停捏着肩膊。

這種現象我們稱之為鏡像效應（或鏡像反應，mirror effect），一般來說是我們不自覺地仿效某些人事物的動作，當中在情侶或多年夫妻中特別常見。有時我們也會在一些親密的親子關係中，看見孩子和父母做出相似的動作。

和透過學習及模仿而來的肢體語言不同，鏡像反應多數並不是多年相處下來而習得的一種模仿式習慣，而是在某刻潛意識的自動化跟隨，而更多時當事人並不自覺。

前來的個案並沒有我這樣的肢體動作，也沒有述及身體有任何不適。然而最近幾次她前來，我都有這種不尋常的身體反應。

我對自己身體的感覺非常敏鋭，因為這就像是一個雷達，可以幫助我了解自己的人生及個案的狀況。不得不承認的，因為我要靠它生存和吃飯。因此對身體的感覺變化，就像是我活得好不好的一條天線。

在心理治療的過程中，這種對方沒有呈現出來，而在治療師身上卻出現的反應，我稱之為「心靈鏡像效應」，當中包括出現與個案相似的感受、情緒或身體變化，有時甚至伴隨着影像。而這並不是罕見的。

往往這些狀況出現，是代表個案和治療師之間有極大的信任。在我的世界，是當對方覺得我是個可信任而放心在我身上釋放的人。而我的內在設定，則是對方是個願意接納我幫助的人。

由於覺察到不自然的肩膊酸痛，所以我問她：「現在的你身體有任何地方不舒服嗎？」她說只是累，沒甚麼的。

然後頓一頓又說：「背很緊，後上背。」

那就是我的肩膊酸痛的位置了。很多時個案的語言表達和治療師的語言表達會有分別，那是由於不同的成長與文化背景使然，然而深究後往往發現其實都在說同一件事。

這時我會邀請個案做身體掃瞄，因為在一般坐姿及意識清醒時，人對身體的感覺其實會被削弱。甚至乎，明明有頭痛卻不覺得痛，而放鬆下來後，痛才被感知到。這也是潛意識的防衛機制，幫助我們隔絕了一些身體感受。

她表示頸部、後背及心口都不舒服，頸和後背都有肌肉拉緊的感覺，而且酸痛，心則有一種不能擴張的感覺，因為背痛所以整個人都縮了起來，心是收縮的。

於是乎我一邊請她留意心口的感覺，一邊教她做些讓心胸擴張的動作。當她做着動作時，身體的姿勢也出現變化，那站直的身體多了一份前所未見的自信。

個案表示，以前為了挺直身體，所以用的都是腰力，但總覺得自己的脊椎不自然地彎曲，從沒想過要讓心胸擴開。她表示這種身體的舒適感，令她回想某次跳舞時，老師叫她將力放在盤骨。於是乎，個案以「力放盤骨，擴展心胸」的身體姿勢行走，表示覺得越來越舒服，人好像精神了些。

我一直在帶領她去感覺身體，同時，做着「張開眼睛的催眠」，即催眠大師米頓．艾瑞克森（Milton Erickson）式的催眠，輔助她釋放這份「縮起來、不能擴展」的回憶與情緒。

很多人以為心理治療只是在一個小房間內聊聊天這麼膚淺，然而，從中得益的人們才真正感受到，整個過程中的奧妙之處，就是在你不知不覺間，會把從沒有說過的話說出來，把很久沒有想起的事情記起來，甚至乎，不知從何時開始，已好轉得忘記了來時是多麼的痛苦。

個案在我的輔導室中來回走動，她一邊走一邊說，自己小時候曾經想過教人做「蛋糕仔」，但父親聽到後卻表示「這麼細的蛋糕哪有人吃？」小小的她心靈受到了打擊，因為她覺得小蛋糕好可愛啊！放在小嘴巴裏一口便能吃掉，還能感受到嘴巴中那滿滿的滿足感。而爸爸，總是打擊着她的自信，她說甚麼，都是不好的。

最近，她總是想做導師，想教人做些小手工，想自己有個小地方和別人相聚，然而心裏的聲音，卻不斷說着：「你不夠資格！」「你憑甚麼？」「你做這些東西，有甚麼用？」一句一句，都在打擊着她的自信。她並不知道，這些聲音，其實都是來自童年時不斷被打擊的創傷，令她無法好好去追逐自己的夢想。

個案有很多做小手工的天賦，然而，她總是覺得自己製作出來、畫出來的東西「見不得人」。過了一段時間的治療後，其實她已開始懂得欣賞自己及自己的作品，而這次的身體疼痛，則出於最近她又燃起了一些夢想，卻被舊有的傷痛所牽絆。

於是乎，我便帶領她去感覺，其實，她現在的「白日夢」，不是和童年「想教人做蛋糕仔」的感覺很相似麼？而她一直說着自己「不夠資格」，不就是內心那個被拒絕的、受傷的小女孩會說的話麼？當個案的「內在小孩」明白到自己其實已長大了，有自己的能力與經驗，就能挺起胸膛，去擴展自己的世界。

身體上的一點小痛，蘊含的威力十分巨大，因為它可能隱藏了你無法奔往夢想的那條路障。

我所教她做的動作，其實都來自個案的說話，是她自己說：「心不能擴張，心是收縮的。」當運用身體動作幫助個案擴張心胸，同時將心結解開之後，往往奇妙的轉化便塑造了，這個案的轉化來得不快不慢，過了約十五鐘，她說：「咦？我的背好像沒剛才那麼痛了。」

我總是微笑，心裏覺得好幸福啊。

1.5

生病的人不該休息

對於生命空白的人，給予他們一些顏色與感動，也許才是激活生命力的良方。

男子約四十來歲，瘦削，臉容平和，帶點蒼白。他說話的語氣平靜中帶點平淡，像是白開水，卻又是一杯混濁的白開水。像是從那日久變質的水管中，扭開水龍頭流出來，混着氟素（Fluoride）及化學物，看上去很正常，但其實一點都不健康。

白開水，會覺得自己不舒服嗎？我心想。一杯白開水，在它平淡的人生中，會有感覺嗎？

「如果可以選擇，我希望在我裏面的，是山澗溪流中的小石子，它會把我淨化，變得像溪水一般的乾淨。」男子進入自己內心的意象，平淡，帶點微微的惋惜、帶點微微的希望說。

世界上有不少人，每天活着營營役役，但卻不知道為何而活。個案表示自己生命中所有事情，都幾乎是聽取別人意見而行，他的說話平淡、人生乏味，而他一直都在跟從這種模式生活着。

他說：「有時我也不禁問自己，其實我活着是為了甚麼？其實別人活着，又為了甚麼？」

一瞬間飄過的思索，隨即便被風吹散，他又回到了那營營役役的生活當中。每天上班、每天下班、每天機械式的工作、每天機械式的生活、每天吃差不多的便當、每個周末去差不多的地方。和家人朋友說着差不多的話題，向自己問着差不多的問題：「我將來是否都是這樣過？」

然而問題，在他運用邏輯推論之後，答案永遠只有一個：「如果不這樣過，還能怎樣過？生活始終要工作，做人就是這樣的。」

面對這樣輕而易舉便能回答的問題，男子還是會常常問自己。然而，他卻忽略了最重要的一個問題。

我問他：「你覺得，為甚麼你會一直在問這個問題呢？」

他抬頭望向前方一片空白，然後雙眼轉到我臉上，但他的焦點，有一大半還是在望向前方的那片空白。

他說：「我……不知道。」

我問他：「為甚麼，你會一直在問這個，你早就給了自己答案的問題？」

他的視線不再望向我，也不再望向那片空白。他微頷首，不語。少見的，你覺得他的眼睛，彷彿在望向自己的心。

男子前來的時候，是癌症末期。

我在接觸過的末期患者身上，都不難看見這種特質——對將來沒有任何幻想。甚至乎，過去的人生都是為別人而活，生命之中，幾乎沒怎麼為自己想過或做過甚麼、爭取過甚麼。

彷彿為別人而活，是生存的理由；然而，他本身卻沒有活下去的原因。

生死有命，富貴由天，但我更多的，卻是發現假如生命再沒有意義，身體會發出極強烈的警號。

正如一盆植物，沒有了陽光和空氣一樣，難免步入枯萎。

在他平淡乏味的人生中，要去尋找一個生命的意義，並不容易。很多人會以為，活着的理由就是生命的意義，但其實差天共地。照顧家人、工作賺錢，可以是活着的理由，但卻不是生命的意義。有理由活着，卻不代表想活着。因為這些心中乾枯的人們，內心深處，並沒有泉水。

生命的意義，有時是一種成長，一種為自己的成長而活出來的意義。

一株植物假如只把養分輸給另外一株植物，自己卻毫不吸收任何養分，定必枯萎。而唯有自己先吸收，有足夠的養分成長，才能長得更大、更壯健，去把養分輸給更多的人。因此，成長是人本來天生的必需品。沒有對成長的渴望，就不會想吸收養分。

而往往，人生病了，就是因為失去了對成長的渴望。

在治療的過程中，我幫助個案去了解自己，並尋找成長的渴望。對他來說，單單想去了解生命中不同事件背後的「課題」，其實就成長了不少。我們常常用「課題」來形容人生的苦難，因為所有生命正面、負面的事件，都能讓我們學習到更多，成為更美好的人。我常說：「所有的苦難都是為了成就你而來。」此話並不虛假。

正如個案小時候被父母拋棄，本來是一件極負面的童年創傷，但當他明白到這也是日後他能獨立處事、克服困難的成長經驗，那麼這件歷史事件對他來說，就擁有了正面的力量。

而當開始去尋找自己生命的意義後，即使只是簡單地去追尋與思考這個疾病是他生命中怎樣的一個課題，就已經替他帶來不少新穎的顏色。而那杯白開水，當不再那麼平淡無奇時，生命就有了味道。

漸漸，他的生活開始忙碌起來，也開始上不同的身心靈課程，有很多時候，他甚至忘了自己是個末期病患者，比起之前蒼白無力的人生，身體也被激活了似的，多了活力，臉上也多了血色。而他身上的癌細胞也停止了擴散，只是靜靜待在他身體裏，沒有動靜。

好奇心，有時是救命的靈丹。

人們總是覺得生病的人應該休息，甚麼都不要做。然而，對於生命空白的人，給予他們一些顏色與感動，也許才是激活生命力的良方。

第二章
CHAPTER 2

聽見嗎？那聽不見的聲音

史丹福大學心理學家羅森漢（David Rosenhan）強調，就算完全沒有其他症狀或異常行為，單單只憑一項「聽到聲音」的症狀，就足以立刻被診斷為精神分裂症。這種「嚴重精神錯亂才會出現幻聽」的認定，一直以來都在敗壞精神病學界、危害一般社會大眾。

——奧立佛．薩克斯（Oliver Sacks）

2.1

聽不見的聲音

在他們的世界那是千真萬確的事，我看不見、聽不見，只代表我們的世界有分別，而非對方或我自己有錯。

他輕聲說，眼睛瞄向牆上某個地方：「你……聽見嗎？」

我望着他，心跳不禁快了幾拍。他帶着期待的眼神說：「他說話了……就在那牆角上。」

我眼角飄向他指向的牆角，看着那白色的牆身與空氣，心像忽然墮入黑洞，想抓住些甚麼，卻甚麼都抓不到。

我默不作聲地吸了一口氣，靜靜的、平伏的。努力地鎮定着，務求不讓他看見我內心這被壓抑的呼吸。

我微笑，搖了搖頭。

他失落的眼神，像走着的吊索橋忽然斷掉。那墜落的希望，我至今仍未能忘懷。

他歎了口氣說：「原來你也聽不見啊。」

我緩緩說：「我……的方式跟你不一樣呢。」也許是不想讓他失望，也許是不忍心看着他覺得本來難得找到的知音人，原來和其他人都一樣，覺得他是個瘋子。也許，我無法眼白白看着那條墮進懸崖的繩索從我手中斷掉，我不知自己算不算不太理性，但忍不住說了這句話。

他黯淡的眼神透出十分之一的光彩，總算，看來還是覺得我可能不把他看作是瘋子。

我搜索枯腸，作為心理治療師，既不能撒謊，更不能隨便堆砌一堆藉口。我不是一個懂撒謊的人，很久以前已經放棄用謊言來掩飾人生，因為我根本不會記得自己撒過甚麼謊。成熟一點後，發現做心理治療師最好的地方，就是不能撒謊（當然也有很多人是極擅長的），因為感染力和親和力差太遠了，何況潛意識其實很多時都會知道真相，經驗告訴我，千萬別輕視一個人的直覺。但最難的地方，卻是明明要說真話，但卻還要懂得包裝。

謊不能撒，但表達真實想法的時候，遣詞用句通通都是大學問。

我望進他的眼睛，真誠地說：「每個人接觸另外一個世界的方式都不一樣呢。我的是感覺，你的是聽覺，所以我聽不見是很正常的啊。」

個案是中年男子，會聽到別人聽不到的聲音，通常是人說話的聲音。他說那些都是「靈界的朋友」，他有「陰陽耳」所以才聽到。他以為我也是一個「有特別能力的人」，所以以為我也能聽到。

由於他說的是靈魂，我就覺得較安心。因為要說「幻聽」，我當然無法聽得見，但感覺「靈魂」的存在，其實很多人都曾有過一些靈異經歷。例如在某處覺得有人盯着自己、去到某些地方覺得不寒而慄，還有鬼壓床、感應到某些東西或地方散發着特別的能量等等。

因此我說我是「感覺」，也絕對是真話。

做心理治療，除了不說謊之外，要把真話說得不心虛，也是一門藝術吧。

男子因長年服用精神科藥物，眼神顯得有點散渙。因為他總是和空氣說話，所以很多年前家人便把他送進醫院，當時神志錯亂，被判斷為精神分裂。近年情緒變得相對穩定，也早回到家中生活，然而「聲音」一直沒有消失過。

他說：「其實聽到聲音並不困擾我，早已習慣了，假如沒有了他們，我反而可能覺得很失落。」

他說最困擾他的，其實是無法專注、無法好好思考和不能工作。

在精神康復機構，慶幸有好幾位朋友都聽到「聲音」，他們並不稱之為「幻聽」，因為在他們每一個人的世界中，那些聲音都是確確實實地存在的。別人聽不到，不代表不存在。

對於這點，我萬分同意。人總是在自己的世界看事情，自己沒看見的就判斷為不存在或錯誤，這是何其自私、何其自戀、何其自大啊!?

所以對於個案身上所發生的事情，我從來只有尊重，而不否定。因為在他們的世界那是千真萬確的事，我看不見、聽不見，只代表我們的世界有分別，而非對方或我自己有錯。

於是我就一直在聽他說故事，聽他說說這些聲音何時出現、甚麼時候影響着他，甚麼時候會有情緒，甚麼時候會像個朋友和他說話。

說着說着，一段時間下來，其實我們並沒有進行甚麼驚天動地的治療，但他的精神卻越來越好，生活的動力也大大提升，他還說，自己最近在幫某快餐店做兼職，由於在治療室中學懂了工作前跟「聲音」協商，請他們別在工作期間打擾或「胡亂給予意見」，結果他們竟然也真的妥協和幫忙。

人生千奇百怪的事情很多，擁有一些別人看不見、自己也摸不着的「朋友」，在枯燥乏味的人生中，在諸多批評，有時甚至無情、冷漠的社會中，其實顯得有點溫馨吧？

很多人，都各自以自己的方式，努力地生活着。

眼前男子，需要的並不是甚麼特別的治療，而是有個人願意相信他、接納他，聽見他那些別人聽不見、也拒絕去聽見的心聲而已。

有時我覺得，心理治療師像是一個保管箱，一個讓人放心地存放秘密的保管箱。每個人，都有自己不為人知的秘密，然而秘密藏得太久，有些人會受不了。他們渴望被認同、渴望被接納，渴望人生之中，有一個人，能盛載他們不敢告訴別人的東西。當他們找到了把秘密安心存放的地方時，他們的心，就安頓了。

你，又有甚麼秘密呢？

2.2

癌細胞的說話

我們總是太常把眼光放在負面的地方，讓自己陷入痛苦的漩渦，但其實有時正面也很具參考價值。

心理治療分成三個層次：接納、轉化、重生。

絕大部分的人對心理治療的認識，僅是第一個層次：接納。

第一個層次：接納

一位女士因為患上癌症，情緒低落。她這種癌症長在器官的隱蔽之處，無法做手術切除，也無法做電療化療，只能吃標靶藥控制。面對着這無法醫治的絕症，她陷入嚴重抑鬱。

她無法否認疾病的存在，也無法忽視它的存在。

然而，她最無法接納的，是它的存在。

痛苦，很多時出自於抗拒接受現實。一般基礎心理治療，是讓女士接納疾病的出現。進一步，接納與它「同在」。

第二個層次：轉化

轉化這字，出自英文 transformation，是西方煉金術的精髓，而著名心理學家榮格（Carl Jung）亦以煉金術中「把物質提升、轉化」的概念，譬喻為抽象的靈修過程。我將名字稍作調整，稱為「煉心術」（Psycho-alchemy）。轉化是心理治療中最珍貴的部分，將不值錢或被廢棄的金屬，提煉成不怕洪爐火的真金，當中需要「賢者之石」，梵文稱之為 Prajñā，即智慧。

轉化，就是將痛苦提煉，轉變成另一樣美好的東西。而這，也是百分之九十的人，對心理治療毫無認識的部分。

上述個案談到自己的人生。她是一個女強人，小時候家貧，她要照顧許多兄弟姐妹，她是大姐，要做最辛苦的粗活，吃最粗糙的飯菜。長大後，她比任何人都更勤力，以彌補以前沒有上學的機會，又得到富商的青睞，教懂她營商之道，然而在她的心裏，人生總是那麼的苦，人生就是要不斷地付出，人生就是辛辛勞勞才有收穫。

她一天工作十六至二十小時，幾乎連吃飯睡覺的時間也沒有。

我問她，其實你人生最渴望的是甚麼呢？我讓她去問問她的癌細胞，在潛意識的對話中，癌細胞表示：「休息。」在催眠中，癌細胞說：「你活得太累了，其實你很需要休息。所以我們才出來。」

然而，她一直都不肯休息，她的身體一直在響警號，她完全忽視。因為小時候的生活太苦了，所以她一直被「苦」所困，即使長大成人，早已脫離貧困的生活，但依然覺得「人生好苦」，「人生要辛辛勞勞才有收穫」。

個案表示，其實她一直很想甚麼都不做去旅行，其實她賺的錢早夠退休了，但總是有很多東西放不下。

我們的人生中，總是被無數外在理由影響着，其實當深入探究，令人最放不下的，往往就是潛意識中某種特別的信念。而在個案身上，就是「人生好苦」，「人生要辛辛勞勞才有收穫」。

我請個案反思，有了癌症之後，人生有甚麼不同了？我說的不是負面，而是正面。我們總是太常把眼光放在負面的地方，讓自己陷入痛苦的漩渦，但其實有時正面也是很具參考價值。

她表示，自己必須停下工作，因為癌症沒擴散，令人最辛苦的手術和化療都做不到，所以其實她表面上看去反而和平常人差不多，只是覺得身體裏有些東西在，偶然會痛罷了。她做運動、上瑜伽班、去行山、做手工等等都沒有問題。以前她總是習慣把最好的食物和東西，都先讓給家人，但現在大家都把最好的先給她。

個案忽然若有所思地說：「其實……我患癌後的生活，原來都幾寫意充實。」因為生病，丈夫和孩子多了對她關心，一家人還計劃第一次全家一起去旅行。

這就是轉化，轉化是，即使事實沒有改變，但真正感受到這「痛苦」所帶來的人生轉變、心情轉變，又或生命的轉變。

而這一份領悟，需要智慧。

第三個層次：重生

正如浴火鳳凰。當一個人經歷了靈魂的暗夜，將創傷轉化成生命的禮物，就能重新體驗這趟人生。眼界不一樣了、看見的美與醜不一樣了，往昔的自己和現在的自己也完全不同了，連思想、行為、模式也改變了，這種狀態，就如那些經歷過瀕死經驗的人，從鬼門關走回來後的一份覺悟。

個案重新投入她的生活，她不再抗拒癌症的存在，因為她發現，原來這是她的身體疼愛她的表現，也是上天憐惜她一生艱苦的慈悲。因為擁有了這揮不走、割不掉的癌細胞，她珍惜生命中餘下的每一天，去享受她渴望但從不敢去享受的人生。

脫胎換骨，成為了另一個人。

接納、轉化、重生，從頓悟到領悟，從領悟到覺悟，一步一步，將那痛苦，冶煉成金。

2.3

皮膚淌着無聲的淚

他哭不出眼淚，那麼，皮膚便來代他流淚。他濕疹上，滲出的都是血水。

男人，年約五十，健碩的身軀，開始長出花白的頭髮，木無表情。

身體狀況：嚴重濕疹。

濕疹是少數被西醫認同的一種身心症，簡單來說，濕疹爆發，往往和壓力與心理狀況脫不了干係。此個案已看了無數醫生，結果作用都不大，在朋友介紹下第一次尋求心理治療。

通常這種個案，一開始都會說：「其實我（心理）沒甚麼問題的，不過都試過了許多方法但沒甚麼用，所以來試試看。」

男人表示自己沒有問題，因為他根本沒有感覺。對親人的疾病與離世只有淡淡的哀愁，前來的原因乃工作長期感到壓力，近來濕疹爆發，身上幾乎所有皮膚都滿佈紅疹，而且滲出血水，難受得很。

男人總是在談工作，偶爾談談家庭、對過世的母親的愧疚，以及對長期患病的父親的無奈，以及對不肯繼承家族事業的兄弟的疏離。

男人很少談及感情。他說，他對愛情沒有甚麼感覺，多年來，沒怎麼認真地談過戀愛。他對任何東西都沒有感覺。

他說：「我是個自私的人，只對自己的事有感覺，我的世界就是全部。」

我好奇，一個說自己「對任何東西都沒有感覺」的人，平時會有甚麼嗜好？

令我十分意外的是，他回答說：「唱歌。」

他又說：「但最近，我發覺自己無法唱歌。」

我心裏不禁疑惑，沒有感情的人，會喜歡唱歌嗎？唱歌，不是最講究感情的表達嗎？

我問他，你喜歡唱哪些歌呢？他帶點靦腆地說：「都是那些流行曲吧。」他列舉了幾首經典金曲，以及一些較新的流行曲。

我心想：「一個說自己沒有感覺的男人，愛唱歌，還要是那些說着情情愛愛的流行曲。而他，最近無法唱歌，加上濕疹爆發。」

那不同的碎片，漸漸在我心裏組合成一幅完整的畫面，然而，還差兩塊拼圖。

他說着、說着，一個說自己沒有感覺的男人，竟然不斷在說着自己的故事。一個說自己對愛情沒有感覺的男人，竟然說，他有次聽見林曉培的歌，想哭。

為了證明他是「沒有感覺的」，他說，他喜歡唱歌，只是因為以前有個女孩子常常唱歌而已，她，總是唱林曉培的歌。

他沉默數秒，又說：「不過，這個女孩子，早過世了。」

「又多一塊拼圖了。」我心想。

他說，最近，見過這個女孩的弟弟。弟弟和他姐姐有一樣的眼睛。男人木無表情的眉頭，第一次輕輕皺眉，且不自覺地深深吸了一口氣，又長長歎了一口氣。

「啊，最後一塊拼圖。」我心想。

那曼妙風景，赫然躍現在我眼前。那無垠的藍天中，有一抹抹不走的傷痕。因為不敢抬頭看那傷心的天空，只能低頭望着大地。然而大地，卻被心裏一聲聲的歎息形成迷濛的霧所籠罩着，包覆着他全身，形成一陣沉墜的濕氣。

世間沒有偶然。

男人突然濕疹爆發，因為遇見了女孩的弟弟。而弟弟那和他姐姐一樣的眼神，牽動了男人回憶中，那深情地凝望着他的神情。而我們，其實一直都不知道，心的悸動比起天氣變化、吃了濕毒的食物，以及自以為的「沒有原因」，影響力更大。

一個人，若有愛、有恨，便不會毫無所感。一個人，若經歷離散、生死，若有所思、若有所憶，便不可能沒有反應。一個人，若絕對的無情與麻木，便不會喜歡唱情歌。

他哭不出眼淚，那麼，皮膚便來代他流淚。他濕疹上，滲出的都是血水。

當他說到弟弟和姐姐有一樣的眼睛時，我彷彿聽見，男人心裏輕輕的，淌下一滴無聲的淚。

男人雙眼望着沒有焦點的遠方，恍如在麻木的人生中，緊盯着一點凝聚不散的痛。那點，他不自覺，卻賴以生存的痛。他說，在他人生中最迷惘的時候，這個女孩一直陪在他身邊。她欣賞他、喜歡他、包容他的任性與不好，但他一直都沒有跟這個女孩說過喜歡她。

男人第一次，眉頭低垂。他當年不敢承認的愛，他口口聲聲說過的不在乎，在天各一方的時候，才在每一首唱過的歌中迴盪。

他說，直至她過世後，他都沒有說過他喜歡她。可惜，已再沒有機會了。

我喜歡催眠治療，因為在催眠狀態中，我們能回到那恍若已不存在的過去。那早已遺忘的回憶，再次變得明亮。

男人回到那天的黃昏，夕陽橙色的陽光照射在長椅上，女生和他一起在聽着歌。

那吹拂髮梢的微風，感覺多寫意。那二人分享一對聽筒的顏色，是那麼的鮮明。那女孩臉上甜美的笑容，那自己微微上翹的嘴角，是他早已遺忘了最美麗的風景。

男人，眼角滑下一滴淚，靜靜的，恍若花落無聲。一個，說自己沒有感情、不懂愛人的男人。

他很懷念，和女孩一起坐着聽歌、聊天的時光。那段日子他工作出現問題，人生在低潮中，她卻沒有嫌棄過他。

我們生命中，最珍貴的，總是這些不經意卻又溫暖的時光。

我問他：「你有甚麼想跟她說的呢？」

他說：「她想我唱首歌給她聽。」

我輕輕說：「那你唱吧，趁這個機會，唱那首你一直在心裏想唱給她聽的歌。」

男人忽地哭了。輔導室內，男人用嗚咽的聲音，唱着這首歌，林曉培的《心動》：

「有多久沒見你……以為你在哪裏，原來就住在我心底……陪伴着我的呼吸……」

男人泣不成聲。

一個，說自己沒有感情的男人。
一個，最近唱不了歌的男人。
一個，濕疹爆發的男人。
一個，深愛着一個女生，但無法表達的男人。
一個，已年過半百的男人。

他以為，她已死了，他也不該像人一樣活下去，因為他的心已死了。然而，在潛意識的相遇中，男人才發現，其實女孩一直活在他心裏。

下一次見面的時候，他的濕疹已開始結焦了，乾澀的皮膚恍如被翻土機翻過一樣，待長出新芽。男人眼中流露出來一種新的神彩。他嘴角上翹，自嘲說，他上次唱得太難聽了，於是在輔導室裏，沒有進入催眠狀態下，他唱着林曉培的《無聲的淚》。

一把低沉、磁性、充滿感情的聲音，溫柔地，在那美麗而恆久的回憶中低吟着。

在某個女生的心裏，輕輕低吟着。

2.4

聽不見，因為不想聽見

耳朵，對應的是聆聽，多年來她因為不想聽母親所說的，因為不想跟從，所以耳朵便關閉起來。

陰沉的天空有一種默然的沉鬱，和今天前來的個案一樣，生命就像是一杯被污染的清水，怎樣洗也洗不乾淨。

因為她用來洗這杯清水的水，都是骯髒的。

她的耳朵有耳鳴狀況已經二十多年。她說右邊耳朵有很大的「嗡嗡聲」，有些個案，會用「蟬鳴」來形容。她們，總是不約而同地提到，像昆蟲的聲音。

在我的經驗中，很多時耳鳴都是雙耳均出現，往往一邊會較強烈，而由於較強烈的那邊會掩蓋了另一隻耳朵的耳鳴，所以另一隻耳朵反而會被判斷為弱聽。而其實假如把大聲那邊的「昆蟲們」拿走，則會發現另一邊的耳朵，原來也有蟲子在裏面飛舞或鳴叫。

她從小到大，每天回家都要煮飯給母親吃，家務由她負責，母親身體不適必定由她相陪，縱然有其他兄弟姐妹，但不知怎的，母親就是只對她特別嚴苛。在新冠肺炎爆發期間，她近乎崩潰，因為母親把家中的鎖匙、錢包、口罩都藏起來，就是不許任何人踏出家門一步。

結果，反而是母親自己受不了整天待在家中，而強迫她出門。本來是應該開心的事，她卻覺得極為羞恥，因為母親把自己包得像個太空人一樣，當然，也強迫她把自己包得像個太空人一樣才能出門。

她說着這事的時候，笑聲響亮。然而在空氣之中，卻瀰漫着一種對生命的嘲弄與苦澀。

她今年，已四十多歲了，身上的衣服都是母親買的，沒有一件衣服是自己買的。

我失笑，有點難以置信地問她：「你從來沒有買過衣服給自己嗎？」

她笑了笑說：「我買了她也不許我穿，」「而且衣服而已，她買甚麼我便穿甚麼，我倒沒所謂。」她聳聳肩說。

她說話的聲音總是很溫柔，臉上總是帶着微笑。像一個乖巧的小女孩，不生事、不惹是非、循規蹈矩、聽話。然而，在我的眼裏，她的表情和身體語言，有一種彆扭的扭曲。

她訴說着小時候母親是如何操控着她的成長、交朋友、交男友、工作等等，每一件事，只要母親說不，她即使內心多麼的不願意，結果還是會如母親所願。她問我：「這是不是就是吸引力法則？」

我說：「那不是母親的吸引力，是你自己的。」

因為她總是為母親找理由，說那個朋友有問題、那個男人也不算善良、那份工作其實也沒有前途等等……而事實上，這些理由，其實並不足以讓一個人絕交、分手、放棄追求夢想的機會。

這些，通通都只是「媽媽的理由」。

我很好奇，一個這樣的人，怎麼會前來做心理治療。按道理，她應該連覺得自己有不正常的可能性也不可能，因為她應該被母親說服，說全世界都不正常才對。

她說，她覺得自己失戀了。問我有沒有辦法，讓那個不理她的男人，不要對她不理不睬。

我心中不禁讚歎：「愛情果然是世上最神奇的東西啊。」

當然，這一段感情，她日漸失智的母親是不知道的。而也由於母親近幾年多次做手術、腦袋也不太靈光，個案開始「要學懂照顧自己」，所以生活中大小事務，「開始要學懂自己拿主意」，當然，感情上，她也明白到「其實不讓母親知道會更好」。

一個四十多歲的女子，還像個剛成長的孩子般說着：「開始要學懂自己拿主意、照顧自己」時，我心裏不禁浮現一種憐惜。一個成人，在過往漫長的歲月中，還是像小孩一樣被看待，我不禁深思，這算是幸福，還是不幸？

其實已有很多個年頭，她回家便已經不再怎樣和母親說話，母親性格火爆，除了操控，便是謾罵，個案有點小聰明，但自信卻如她自己所言「低得不能再低」。

愛情，讓她尋回一點尊嚴與存在價值。

其實相信大家也不難想像到，一個長年沒有自我的人，對於一段感情，又如何懂得相處之道？連她前來的原因，也是想改變別人，而不是改變自己。既然如此，那麼就由改變自己做起。而我刻意讓每一件要改變的事，對應的，都是媽媽的操控。

男女之間，外觀是吸引異性的一部分，於是我請個案自己去買喜歡的衣服、化妝品；反正母親早已不能夠替她購買了，她要「學懂照顧自己」；然後就是去吃自己喜歡的東西、做些自己喜歡的事（這點有困難，因個案根本想不出自己有甚麼是喜歡的）。

慢慢地，她逐點逐點尋回「自己的感覺」，目標也不是放在改變別人身上，而是「更愛自己」身上。

有次她來到，帶點調皮地笑着跟我說：「我前幾天偷偷地把媽媽儲起來的舊東西都扔掉了。」當然，那些是媽媽儲起來的舊瓶子、膠袋、盒子等無關痛癢而會「養蟲」的雜物，但多年來她即使很想丟掉，也不敢丟掉。

「我把自己房間裏，那些媽媽迫我用的、但我不喜歡的東西也丟掉了。」

「這個星期，每次我煮飯，都會煮一樣我自己喜歡吃的菜。我媽不喜歡吃魚，我前兩日蒸了一條魚，她問我為甚麼蒸這麼難吃的魚，我便說，啊？是嗎？那我把它吃掉吧！其實我根本就是煮給自己吃的。」

個案表示，即使母親叫她做甚麼，她覺得不介意的才會聽她意見，畢竟母親也年邁了。她一天一天地學習去愛自己、更尊重自己內心的想法時，她發現原來生命之中，不是只有沉鬱的天氣，她那杯污濁的清水，原來不是要洗掉，而是要沉澱和過濾。

當她越來越沉澱，越來越能掌握自己的人生時，某次她前來說：「不知是不是最近心情好了，所以耳鳴好了一大半呢？」

我說：「人開心了，就百病能治啊。」治病，先治心，這是很顯淺的道理吧。

耳朵，對應的是聆聽，多年來她因為不想聽母親所說的，因為不想跟從，所以耳朵便關閉起來。因為意識上她不能違抗母親，但內心的她、真正的她其實根本不認同母親的操控，因此便由潛意識代勞。

身體不會說謊，每一種疾病，都在透露着心中的渴望與感受。而當她慢慢學懂尊重自己、愛自己，同時，用一種調適的心情來調整與母親相處的方法，這就是我們所說的「中庸之道」。不是一味反抗，而是調適、調整、調理，讓她找到「尊重母親」與「尊重自己」之間的平衡，那麼身體和心理自然就不用再緊緊閉上耳朵，拒絕聆聽（服從）了。

記得那天，天氣還是有點陰沉，個案穿着一件鮮亮的衣服前來，笑得很高興地跟我說：「你看！這衣服我自己買的！」這笑容，再也沒有那種扭曲的彆扭，多了一種喜歡自己的溫柔，把沉鬱的天空都照亮着，多了一種生命的力量。

2.5

聽見嗎？那神靈的樂章

當一個人墮入迷惘，我們的潛意識，便會忍不住挺身相救。

有次跟周兆祥博士做訪問，他說某次遠行時在飛機上聽到了一曲樂章，覺得很奇怪，因為那是一首很久以前聽過的歌，卻不知怎的無端在腦海浮現。他很清楚，那是內心迴響着的聲音，卻無法靜止。

到他出海關時，由於排隊等候甚久，前方有兩個外籍男子，竟然唱起歌來，而他們唱的那首歌，恰好就是剛才在飛機上，他聽到的歌聲。

《幻覺》一書中，作者奧立佛．薩克斯曾表示，並不是每一個有幻覺（包括幻聽、幻嗅、幻視等）的人，都必定有精神疾患，他說：「在現代西方文化裏，幻覺較常被認為代表瘋狂或腦袋出了大問題——雖然大部分幻覺都沒有這種黑暗的意涵。」

個案是位三十多歲的女子，樣貌娟好，單身。她說她從小到大，總是會聽到歌聲。那些歌聲有時在耳邊，有時在腦海，有時在心裏，有時像從遠古的地方，由另一個時空緩緩滲進來。

那些歌曲有時是流行曲，更多的時候，是一首她不怎麼放在心上，卻很久沒有聽過的歌曲。

她說，每當她生命之中遇上某些想不通的事情時，便會聽見這些樂曲。在年少時，她不以為意，以為只不過是忽然想起一些舊歌而已。但當她慢慢長大，總有些時候會百無聊賴地去試試找那些「播放着」的歌曲的歌詞，真想不到，竟然彷彿都帶着特別的訊息，有時，甚至像預兆。

例如有一次，她和當時的男友駕車出外吃飯，回程時車子駛上高速公路，豆大的雨點打落車窗，寧靜的車廂中，她耳邊忽然響起 *Too Beautiful to Last* 這一首歌（當然男友是聽不見的）。然而，她甚少聽英文歌，更何況是這麼老舊的一首情歌。那天晚上，他們有一段溫馨快樂的時光，但聽着這歌時，她內心卻不期然地浮現出一種傷感。回家，她把歌詞翻出來，發現歌曲訴說着一對情侶，他們擁有美麗的回憶，一切卻是那麼的短暫，歌中說到：

Where love reposes but castles made of sand
Like winter roses are fated to die
My darling, like you and I...

「愛的城堡卻是由沙粒砌成，就像冬日的玫瑰凋零，而它們就像你和我的死亡……」

她呆坐着，彷彿在車廂的沉默中，早命中註定了這段愛情短暫的生命。雖然她從不曾對這段感情抱太大的期待，然而那種「不祥」的預感，彷彿透過歌詞輕輕迴旋着。像告訴她無論怎樣努力，也敵不過有緣無份的宿命。

才不夠兩個月，他們二人真的分開了。

開始時她並不明白，為何表面看似美好的愛情會那麼快流逝，到她發現原來男友本已有妻室時，她終於理解到，男人為何總是對她若即若離。她和這男人之間的愛情，正如歌詞中所說，不過是由沙粒所砌成，她不過是男人在沉悶的婚姻及工作壓力中的甜品而已。

她坐在我面前，出神地說：「也許那一刻，我的潛意識早就知道他並不是對我認真的吧？」

我會說，其實女人的直覺都很準。在他們二人相處的日子裏，其實女子，早就嗅得出這種段情很多的不對勁。

當一個人墮入迷惘，我們的潛意識，便會忍不住挺身相救。這首歌的出現，讓個案更早地去面對這段虛假的感情，醒來的時候，傷得沒那麼深，卻醒得更徹底。

所以到發現的那一刻，早就做好心理準備，才不致崩潰。

關於神秘學，我不敢說個案說的是不是真的，事實更無從稽考。但在專業判斷中，以心理狀態來說，她沒有撒謊的理由，更何況，她根本不似是撒謊。人們撒謊，是因為謊言會帶來某些利益，然而女子的謊話，卻不見得對她有何益處。失戀的痛、人生的失敗、家庭的不和、生活的不愉快，通通都仍然存在，而那些所謂「預言的歌曲」，並沒有真的能為她解決任何必須由她自己負責的人生課題，在她的世界，那不過「就是這樣而已」的一回事。

由此，我們可以推斷，這些歌曲的確是她生命中的一部分。

曾有一位朋友問我，這其實算不算自戀？但從自戀的個案中，個案會有明顯的自大傾向，甚至對省視自身缺點的能力極弱。而在一些以謊言取得注意力的個案中，他們在編造故事時，前言不對後語，邏輯不時錯漏，始終要記住萬千謊言是極困難的事，但女子在重複敘事時落差卻非常小，橫跨的年份亦長達數十年。而且從表情、肢體語言與說話內容、用字上，都感受到一份真誠，她沒有誇大自己的「能力」，更沒有將自己「視為神」，精神狀態正常良好。

她和一般前來的個案一樣，都是處理過往的創傷及鬱結，唯一比較特別的，只有這「會聽得見歌曲」而已。

她微笑說：「這對我來說，就像是神靈庇佑的樂章。」

第三章

CHAPTER 3

口裏說不，身體卻很誠實

你必須耐心學習與你的影子一起生存，還要細心觀察這個潛藏於自己內在的另一面。

某些時刻，在黑暗的隧道中，你必須勇於對抗自己的陰影，因為如果不這麼做，過不了多久，你的影子就會越來越強大，它會在某個晚上再度出現，敲着你家的門，並且對你輕聲耳語：「我回來了。」

——村上春樹

3.1

那一分的身體距離

人生中的許多問題，乃來自於過去的未竟之事。即使事過境遷與歲月流逝，只剩下淡泊的回憶，但在我們的潛意識中，卻仍未放下。

身體的語言，透露着許多關係的真相。

這一對夫妻前來時，即使坐在同一張雙人沙發上，但中間仍有着一條近半呎的空隙。男方說話時動作頗大，偶爾會不慎碰到女方，而女方身體總會不自覺地輕輕往後縮，彷彿害怕男方觸碰到自己的身軀。即使，那不過只是輕微得只有一分的距離。

這一分，我看在眼裏，卻是咫尺天涯。

當一個女人，下意識地討厭被某個男人碰到身體時，大概就是因為她的身和心，都已交給了另外一個人。

女人表面上這樣說：「我其實仍然愛着他（丈夫），我不想他傷心難過。」

男人表面上這樣說：「我其實可以原諒她（太太），我願意用愛去補償她的空虛與失落。」

然而，女人堅拒復合，因為她的愛早已變異。

而男人，內心則對太太充滿怨恨，他表示可以原諒太太，但其實只是不甘心，甚至乎，是為了想向太太及她的外遇對象報復，以勝利之姿去傷害二人。這種，就不是原諒也不是愛了。而男人私下亦告訴我，他在這段婚姻中，其實也不是完全清清白白。他也曾有過外遇。

那一分的距離，在輔導室中，彷彿是女人的動作與行為，然而，那究竟，何時才是真正的開始？是女人身心均離開之後，還是男人與女人的感情出現裂痕的那一刻？

未竟之事

每一段關係的開始、每一次的相遇，都是因為我們內心的「未竟之事」。人的相遇、相愛、相知，是緣份，每一段緣份的出現，都總有原因。我常常說循環，生命就是一次次不斷的循環，那些相似的人、相似的離合、相似的憂戚與痛苦，像輪迴，像折磨，像命運弄人。

所謂「念念不忘，必有迴響」，念念，乃因未竟。忘不了，放不下，離不開，乃因內心尚有些很重要很重要的事，尚未完成。

心裏放不下一個人，總有原因。

這一對夫妻，女方後來承認有外遇，男方被蒙在鼓裏。女方要分，男方要留。詳細內容不說，夫妻之間的相處問題也先放下。但在我的經驗中，假如是一段糾結難纏的關係，往往當事人的人生中，總有一段或多段相似的往事。在這個案例中，女方的母親有外遇，最後父母離異。男方也曾經當過別人的第三者，亦曾被人拋棄。

完形心理學（Gestalt Therapy）的始創人弗里茨·皮爾斯（Frederick Perls）指出，人生中的許多問題，乃來自於過去的未竟之事。這種未完成的情結，讓我們在意識與潛意識中耿耿於懷，即使事過境遷與歲月流逝，只剩下淡泊的回憶，但在我們的潛意識中，卻仍未放下。

例如上面的丈夫，其實他早就不愛妻子，但因為之前曾有過一段被拋棄的關係，因此面對妻子外遇，心生極大的怨恨。表面上對妻子千依百順，人前人後更顯得相愛甜蜜，但其實內心痛苦非常。而事實上，丈夫心深處被影響着的，表面上是現在的事，實際上是前事遺留下來的痛。

至於妻子，對於關係一直有着強烈的不安全感，當初選擇老實的丈夫，乃以為因此會得到穩定幸福的關係，即使明知這違背自己的性格。二人婚姻沉悶，加上丈夫性格寡言沉默，雙方一旦出現問題時，便各自逃避，故此造成了感情日益平淡，最終逃不過分離。與丈夫所謂的重修舊好，也不過是「門面工夫」，為了讓丈夫息怒，當然亦念在一場夫妻，不想再傷害丈夫。

二人的行為模式，均是心理學上的「補償」和「發洩」。丈夫勉力討好妻子，企圖挽回感情，乃是「補償」內心失落了的那空洞；然而，卻又心生怨恨，做出不少報復性行為，乃是「發洩」。而妻子的配合，也是為了「補償」出軌的內疚。

不止是一段即將終結的關係，往往在一段持續的關係中，我們也能常見這種重複不斷的模式。

表面上彷彿二人都在為這段關係而努力，但其實治標不治本。這種努力背後的動力，是那深層的、對過去未竟之事與感覺的反應。往往，這種關係的模式讓人們忽略了真正值得珍惜與關注的地方。而唯有正面去面對、接納、看見過去那些未竟之事，才有可能做到和平的分離。不然，雙方只是在一堆亂絮中不斷糾纏，無法幸福。看清楚了，理清了，便能重新思考，作出適合自己的選擇。

所謂的真愛，是真心感受到及感激那珍貴的部分。即使知道了對方種種的不好，坦誠與理解過後，仍然相愛，仍然渴望在一起。

堆砌的幸福，偽裝的快樂，從來都只是膚淺的。

感情，不是一種補償，也不是一種發洩。感情，是真真正正平等與相愛的一段關係。唯有正面面對與探討，看清自己真正渴望與需要的，才是真正的感情。倘若只為了一口氣，又或一份內疚，而強迫自己對對方好，那對雙方都不公平。唯有好好處理，才是正事。否則只會不斷在重複的痛苦中，再三輪迴。

3.2

有些人總覺得，迷失比醒覺好

在我過往不同的經驗中，身體的狀況越強烈，個案對自己的覺察力就越微小，好像是一種對照似的。

在教導「斷捨離」的課程中，我總是特別提到迷失。

該斷不斷，欲斷難斷，思難斷，慾難斷，情難斷，通通都是一種迷失。

然而，有些人總覺得，迷失比醒覺好。

因為迷失，便不必痛，便不必走出胡同，便能在迷惘之中，獲得一點半真半假的心靈慰藉。因為迷失，便可以不必理會內心的洶湧。

但迷失得久了，彷彿連路也再看不見。許許多多人，甚至乎，不知道自己生存的意義，又或一段關係、一份工作、一種生活方式的意義。

然而，更多的，是為這種迷失與惰性，堆砌出一堆似是而非的所謂意義。

但甚麼才是真正的意義？也許，這才是迷失的意義。

迷失，也許暫時是一種逃離；但垃圾堆積得久了，始終會發臭。要得，便先要捨得。

到哪天，你終於感覺到迷失得太累了，便會開始了斷。那時，才是人生真正的開始。

迷失的意義

她是一個購物狂。她家裏的東西鋪滿所有地方，連通道也只有一呎多。她表面上衣着光鮮，在人前是一個幹練的女子。然而每天回到家中，卻份外沮喪。

那是一種強烈的無力感。看到家中這麼嚴重的囤積狀況，她只有訓練自己一直視而不見。

唯有如此，她才能活下去。因為那就是她活着的地方。也是她死亡的地方。

那裏沒有生氣，那裏沒有希望，唯有對這份死亡視而不見，她才覺得自己稍微有一點活着的感覺。縱然這一份感覺，比家裏新鮮的空氣更稀薄。

因此她特別喜歡去旅行，住昂貴的酒店，過度迷戀酒店房的簡潔與乾淨。縱然，每次回到香港自己的家，一打開門，那震撼的絕望總是令人崩潰。她喜歡買新的東西，因為新的東西都很乾淨。然而東西一進她家，打開包裝之後，不知是被家中那混濁的空氣污染了，還是被她在家中抑鬱的心情污染了，瞬間便失去了新鮮乾淨的感覺。

有時候，她會跟自己說：「其實都不是那麼的喜歡，只是衝動所以買下來吧，都是那些推銷員，總是把我的錢騙走。」

有時候，她清醒一點時，看見眼中的滿目瘡痍，會想找個治療師，但又覺得不如花錢請個鐘點更好。

然而，無論是治療師或鐘點，她都拖了數年沒有行動。

她來的時候，不過是朋友前來時，「順便和朋友一起來」而已。那不是她自己的決定，無論買東西、工作、幫助別人、請鐘點又抑或上堂，其實都是別人建議她才做的。因為她自己已太習慣無力，唯有讓別人推她一把，她才能借力行前半步。

從小，家人安排她上甚麼學校讀書，工作是因為同學介紹而去的，結婚因為父親患重病臨終的心願，離婚因為丈夫先辦理了文件，就連買房子，也是因為媽媽叫她買，所以才買。她的生命就是進行別人所叫她做的事，而她自己，即使有主見，但每次提出要求，都遭受打擊。最後她來，是因為癌症。當然，也是朋友介紹的。

生命的轉變，往往都是由面對自己內心的那一刻開始。

在經過一段時間的心理調整與探索之後，個案開始發現生活中的興趣，用「發現」，因為其實興趣一直都在，只是她從不覺得特別的吸引。這種矛盾也是基於內心從小到大，不敢違抗或太習慣跟從別人的想法，而沒有好好感受過自己內心的喜惡。因為太在乎別人的想法，所以跟着別人走是最安全的，但同時，自己的想法及感覺便被壓了下去，或更貼切一點說，是再三拒絕讓自己去注意、去激活、去感覺、去重視。

當你明明能看見卻拒絕去看見，那些令人痛苦的東西，便會逐漸成為視覺中的盲點。一樣東西一旦不再被注視、被看見、被關心，就像一條很久沒用的神經線一樣，會凋謝及萎縮。

而很多人，他們的想法總是很負面，但當開始「訓練」正向思維及看見美好的能力時，人生便被徹底改寫。因為往後的人生中，不再只有灰暗與失落，而是擁有了明媚的風光。

當個案開始專注於自己的興趣後，漸漸地，她開始了自己的夢想職業，在一直建立的過程中，尋回了對自己的尊重與愛，以及生存下去的力量。內心的垃圾層層被清掃後，那些癌細胞，竟然也開始慢慢地平靜下來，停止惡化，甚至大量減少。

在我過往不同的經驗中，身體的狀況越強烈，個案對自己的覺察力就越微小，好像是一種對照似的。

《疾病的希望》一書中表示：「疾病只有一個目標，就是使我們變得完整。」

當個案開始尋回自己迷失了的靈魂之後，身心靈得到了調適，她對於自身癌症的在意度也大大減低。在餘下的日子，只是努力地享受着「愛上自己」的時光，然而，卻因為如此，醫生對她末期癌症的判斷，卻彷彿出了大差錯似的，她沒有死掉，而是一直一直活下去。

為自己而活下去。

3.3

談戀愛，但不要見面

歲月悠悠，我們都以為自己長大了、成熟了，但其實內心還藏有一個受傷的小孩，等待我們去照顧。

她說：「已讀不回。」

空氣中，寂靜的一聲歎息。

她不夠五十歲，有一張漫畫中女主角的臉，五官輪廓帶點輕微的異國色彩，不仔細看，卻未必看得出來。也許因為這一點隱約的與眾不同，她總是覺得自己不該做一個平凡的女子。

她一直以為，自己很快便會結婚生子，然而自從上一段無疾而終的感情後，長達十二年，竟然沒有遇上一個合適的人。她是一位公務員，工作忙碌，生活圈子狹窄，平時除了和僅有的幾位朋友去吃飯，也會去上上興趣班、喝喝茶、行行山，會購物也會追肥皂劇。

初初覺得單身很好，因為感情很困身，但內心其實還是渴望有一個人，在生命的低潮時能給予支持和擁抱。

最近，她遇上一位男士，初時大家聊天頗熱絡，而且還相約去看戲。但不久，男士開始「已讀不回」，女士遂墮入一種抽離與無法抽離的感情之中。

她無奈地說：「其實我還是更適合一個人吧。」

她說：「有時候我想，可能一個人更好。喜歡去哪便去哪，喜歡做甚麼便做甚麼，專注的時候很專注，想不分心就二話不說不分心……我生活那麼忙，回家只想癱軟在沙發上，一根手指頭也不用動，想想，我其實沒有那麼多的時間來應付一段感情吧。」她輕歎了一口氣，彷彿在抒發疲倦，也彷彿感到無奈。

她說：「其實和一個人談戀愛，最好不要見。」（我忍不住「啊？」了一聲）她說：「是啊，那麼就不用花時間相處。」一聲無聲的、短促得幾近無法察覺的歎息。

我忍不住問：「不相處哪來的感情啊？」

她說：「見了面會很累的，要花很多時間磨合。」又是一聲無聲的歎息。

我忍不住問：「那你到底是否想要感情的啊？」

她吸一口氣說：「其實我覺得自己不需要的。」長長的呼氣。

我問：「那，你不寂寞嗎？」

她正想反駁，我說：「不要立刻回應，雙手按在胸口，去感覺自己的心，去接納你內心真正的答案。」

她低下頭，雙手按在胸前，在引領下慢慢調整呼吸、沉澱，讓感覺專注在心胸的位置，不夠三分鐘，她的眼淚便徐徐滑落。

「我不喜歡跟空氣說話……我嘗試又嘗試，每天都鼓起勇氣按下傳送鍵，但每次換回來的總是失落。很多次，我告訴自己放下吧，告訴自己一個人就好，但又總是不甘心，我等了好多年，好多好多年……終於遇到一個適合的人，他明明本來好好，但我自己不知做錯了甚麼，他不理我了……我好憎自己、我好憎他、我好憎自己覺得寂寞，明知一次又一次受傷，都還去找他，我覺得好醜！我覺得自己好沒用！」

說到這，她已泣不成聲。一個人，無論怎樣裝堅強，堅強中，也不會如此多歎息。

她單身多年，恐怕度過了不少一個人孤寂的夜晚。太習慣一個人，久了，並不是真的只想單身，而是無奈地要接納單身。

因為害怕失去，又想得到，因此反而顯得步步為營。每一個訊息，都帶着怕失落、怕被拒絕的恐懼。因此訊息的內容都是怪怪的，例如想裝輕鬆，便說：「今天天氣很怪啊，哈哈！」然後不夠半小時，人家沒回覆，又說：「我知道你忙，你忙你的吧，慢慢才回。」人家沒反應，晚上便又發：「吃了飯未？你胃不好，別吃東坡肉了。」人家回一句：「謝謝關心，最近很忙，沒空回你的訊息，不好意思。」她心花怒放之餘，便回人家一大段東西，然後又是已讀不回。

那天晚上，就是傷心到天明。

有時候男人會和她說上幾句話，她說：「也許是不忍心吧。」然後，她又墮入那「已讀不回」的循環。

一個人戀愛的時候，最可怕的便是失去自己。

我問她：「你覺得他愛你嗎？」

她搖搖頭：「不愛。」「可是我不知道可以怎樣放開……」

我幫助她進入內在，去拜訪她潛意識中的內在小孩。

一行禪師在《和好：療癒你的內在小孩》一書中曾語：「通過承認內在小孩的存在，與他或她溝通，我們能夠看到小孩回應我們，也會知道他或她開始覺得好過些了。當內在小孩感覺舒服的時候，我們也會感到舒服多了，我們開始感到更大的自由。」

在催眠狀態中，她看到內心的那個小女孩，約五歲，站在眼前，側身向着她，只有她一個人。沒有人跟她玩，她覺得：「也許這樣也不錯吧。」「媽媽總說沒人玩，自己一個其實也很好。」那個空間，就只有她一個。她有點無奈，但「也沒有其他辦法」。

小孩子，其實只是「不懂還有甚麼其他辦法」，當我們開始讓自己學懂新的辦法，生命就可以改寫。

我先讓個案前去陪伴、照顧這位孤單又無奈的小孩子，小女孩開始時有點怕，慢慢接受，然後，潛意識中那本來呆呆的小女孩，臉上漸漸露出笑容。

個案哭着說：「她跟我說：不用怕，我陪着你。」

其實，最需要人愛和陪伴的，就是個案自己。

歲月悠悠，我們都以為自己長大了、成熟了，但其實內心還藏有一個受傷的小孩，等待我們去照顧。那天，你有空，我們一起去探訪他／她吧，好嗎？

3.4

一直生病，因為想你來愛我

只要我們讀懂了身體的訊息，瞬間便能了解很多自己一直遺忘或忽略了的部分。而這些部分，也許正正就是我們人生中，幸福快樂必須的養分。

人生，有很多渴望其實都是負擔，然而我們總是被潛意識操控，以為自己「想要」。但深入內在，往往原來這些東西，我們根本「不想要」。

來煉心堂做心理治療的女生，大部分都是美女。很多人會覺得美女總是「特別有着數」，也一定比別人幸運，然而其實不盡然。很多美女，都善良單純，同時，也是獵人們的獵物。

我用獵人，不用人渣，也不用壞人，因為很多時，那些「男人」，其實有很善良美好的一面，表面上甚至極像正人君子。

感情受騙的女生，其實真的比你們想像中多很多。你看她們外貌綻放如花，但往往內心乾澀枯萎。

小豬羅志祥的濫交新聞，其實也不過是社會上冰山一角的縮影。偷盜和偷腥，其實都差不多，只要一個人總是不用為自己所作所為負上重重的責任，他就依然會不斷去傷人。

曾經有一個相貌標緻的女孩，她遇上的都是渣男。一般人總是會罵她，為何明知自己受騙還要送上門，但事實上，女孩其實往往一開始，都不知道對方已有伴侶或只是想玩玩。

她來到時，剛好又掉入一段遙距戀愛。我們會覺得，long D 其實沒那麼大不了，但其實卻非如此。這段似有還無的感情，反而對她衝擊更大，因為她發現自己長久以來一直的模式，原來從沒變改。

有時候當角度拉遠了，自己便看得更清楚了。

其實很少個案有這種覺悟。因為當局者迷，人們墮入一段戀愛，本來已呈迷糊狀態的了，還是身在局中，又怎能看得清呢？而最妙的是，這次的對象，不是渣男。

她苦笑：「他是個草食男。」

我不覺抓了抓頭，原來現在的潮流，連戀愛都很佛系。

她說，當她半夜時份，腦海中幻想着和男友纏綿綺妮時，男友卻傳來 Youtube 上一個不知是喇嘛還是和尚的男人唸心經的歌曲，讓她從此以後一想情慾的東西，都彷彿多了一種隱隱然的罪疚感。

男友是位佛教徒，還是禁慾式的佛教徒。女生無法跟他談自己的靈慾需要，甚至連談情，都點到即止。有時候，男生會突然在聊天中不回訊息，又或幾天不上線。女生有一種非常強烈的無助感，覺得和一道牆在聊天，有時甚至乎像是和空氣在說話。

有一次，女生忍不住發了男人一次大脾氣，男生才跟她多說幾句話。但過了不久，又重蹈覆轍。

我請她去感受身體，這段感情，讓她的身體帶來甚麼感覺？她臉上皺成一團，浮現出一種嘔心的表情，她說：「厭惡感。」她閉着眼說：「像從我胃子裏湧上來的一陣厭惡感。」

我請她細心去感受這厭惡感，再加以描述。她說：「我有一種反胃的感覺，我的胃很虛，從小就有胃病。每一次他不理我，我就吃不下飯，甚麼胃口都沒有，可以整天一滴水也不進口，明知自己胃子不好，但我還是不理不顧。」

她張開眼睛，長長的睫毛顫動着，沾染了淚水。她委屈地說：「當我不舒服的時候，他就會理我一下，會問我過得好不好，會叫我多吃東西、多喝暖水，那時候我才會吃得下東西。」

她說起小時候，父親常常夜歸不在家，有次生病她入院，正好是胃潰瘍，父親匆匆趕到醫院陪了她一整個晚上。

我說：「你每一次覺得被忽略、被遺棄的時候，胃也會出毛病的嗎？」

她輕按着自己的胃沉思，良久，抬頭說：「沒錯。」

我問：「你覺得，這是為甚麼呢？」

她低頭說：「我覺得……我想他們想念我。」

原來是因為渴望被愛。心中因為一直渴望所愛的男人想念她，所以胃就不斷生病，尤其是當她覺得被遺棄的時候。

《疾病的希望》一書中曾道：「只要我們傾聽症狀，並與之溝通，他們會成為正直的老師，並指引我們走向真正的療癒。症狀會告訴我們目前缺乏甚麼，使我們覺察需要刻意關切甚麼。透過傾聽和內在覺醒的過程，使我們有機會不再需要症狀。」

女生心中需要的，就是愛。當她接納自己需要愛時，胃便在頃刻鬆了下來。然而，還未完結。

還有那「厭惡感」。

我當然不會放過這特別的感覺。每一種感覺、每一種反應，都必定有其背後的訊息。只要我們讀懂了身體的訊息，瞬間便能了解很多自己一直遺忘或忽略了的部分。而這些部分，也許正正就是我們人生中，幸福快樂必須的養分。

當女生開始去感受這「厭惡感」時，她精緻的眉目呈現出一份陰沉的氣息，良久，她才吐出這句話：「我討厭我自己。我好討厭我自己。我不斷去付出，不斷去愛你，但你總是對我不理不睬！我討厭我不爭氣，就算我長得多漂亮，也得不到你專一的愛，就算我多麼好，你寧願要個不好的也不要我！無論我多麼的努力，也得不到你的愛，我好討厭你！我好討厭你！但我更討厭我自己！我討厭我不爭氣！」她越說越生氣，越說越憤怒，越說越怨恨。

原來她心裏，有一種怨恨。她的愛，是索取的；所以對方才會若即若離。原來她心裏的愛，本來就不單純。

我幫助她將壓抑得緊緊的情緒釋放出來，然後，再讓她溫柔地擁抱這個受傷的心靈。她終於明白到，原來自己多年來對男性的愛，是出於一種需索，是出於對父親的怨恨，是出於渴望被愛。因此她總是墮入了自己編造的故事中，一旦被忽略了，便生病、便更付出，以為可以得到別人的關注，然而結果關注是得到了，卻是可憐，不是真愛。

她回到父親身邊，重新和久沒聯絡的父親建立關係。因為她知道，她感情的失敗，其實都是因為得不到父親的愛。我們從跌倒的地方爬起來，她，則從她以為得不到的地方，尋找愛。

過了幾周之後，她說，她和草食男分開了。因為她其實不愛他……因為她，原來愛的，只有她自己。然而，她卻一直在傷害她自己。

當她開始懂得和父親建立關係後，她才發現，她其實不需要男人的可憐，她能好好地愛自己。

塵世間所有的緣份都不是偶然，草食男的出現，令她在失落的世界中，終於回歸自身、正視自己的需要和童年創傷。

她說，她不恨他，反而，謝謝他。

3.5 拖延，因為身體拒絕執行腦袋的指令

在我眼中，拖延，就是一種說不出的累，令身體拒絕執行腦袋的指令。而這種累，往往由心而來，因此即使睡眠充足，心有餘而仍然力不足。

他說自己最大的問題是拖延。很多事情，尤其是微小的小事，不是很難很複雜的事，他不知怎的，總是把它們「視而不見」。他不是沒有錢，但對於過期的帳單，總是過了期才記起要交，然而平時收入根本不是問題。

他工作能力優秀，然而那些只需要用一根手指頭便能完成的事，不知怎的，總是拖上數周半月，有時數個月。公司寫單滙報支出，他因為覺得麻煩，寧願不報，連數以千元的單也因為這種「懶」而不想報。但他又不是有錢得毫不在乎。

他總是被那些充滿行動力的人們所吸引，他從小被人稱讚性格恬靜、不生事、不多話，凡事只是像頭牛一樣努力做。然而，他內心深處，其實有兩個自己，一個只想待在安寧的山上，靜靜地過日子；一個不停探頭望出窗外，對這繽紛多彩的世界感到好奇。

有時，他覺得自己很分裂。明明想出街，明明想走到郊外，但卻走不動，只能想想便算。晚上，看見自己一身鬆垮垮的肌肉、已步入中年開始後退的髮線，以及那回不來的體力，他總是很內疚。

其實行出去，究竟有多難？

買了的球鞋，沒穿過來跑步；買了的運動服，都變成了睡衣；買了的瑜伽墊，被擱在一角鋪滿塵埃。

他，不斷在歎氣。

我問：「那你的心呢？」

他抬頭疑惑地問我：「我的心？」

我點頭：「你做那麼多的東西是為讓自己動，那你的心呢？你為你的心做了甚麼東西？」

他說：「我不能為我的心做任何事。」

我問：「為甚麼呢？」

他說：「我如果只為自己的心而做，那麼我所有的東西都不會想做。我不會想工作、我只想躲在家裏不見人，我不會想負家庭責任，我會跑去外國讀書，我只會想自己過日子，閒時看看書。」

我請他好好坐下，放低所有讓自己「想去做甚麼」的念頭，雙手放在胸口，只去感覺自己的心。

他說：「我的心，好累。」

「好累，好累，好累。」他抬頭，像溺水的人，明明已沒有力氣，還是勉力把頭伸到水面，深深地吸一口氣，然後，再沉下去。

「好累，好累，好累，好累，好累……」聲音越來越微弱，恍如一個沉在海底的人，已叫不出聲響，只剩下內心的呼救。他一邊說着，一邊身體越來越往下躬，頭埋在兩腿之間。

我說：「那你甚麼都不要做，就這樣。」他整個人就像拔了電插頭的人偶，雙手下垂，整個人歪倒在沙發上。

我說：「把所有的累，都釋放出來吧。這一刻，完全放鬆。這一刻，你只用去好好享受這把所有東西放下的感覺。」

看見他想睡、卻怕聽不見我說話而勉力撐着的樣子，我說：「我現在跟你做一趟深度放鬆，你好好躺着。」

一般做深度放鬆時，個案會睡着，我其實不過換個方式，讓他放下所有負擔，放心休息一陣子。很多人以為來做心理治療必須醒着，但其實人心有不同需要，我有些個案，其實是付錢來求一段放心休息的睡眠時光。

調整好姿勢，才放鬆了身體的三分之一，他已沉沉睡去，扯起鼻鼾。他臉上的肌肉都塌了下來，那累極了的表情，像長年累月無法好好休息的苦力。

這種潛意識帶領的深度睡眠，和平時的睡眠並不一樣，通常都更為養神，而大前提是，個案要對治療師有非常大的信任。時間到了，我把他叫醒，他還待了一陣子才坐起來，他說：「我覺得不夠，還想睡。」

我笑說：「那要加錢啊，補鐘。」他聽見就醒一醒神了。我再微笑說：「今晚回去，應會比平時睡得好點了呢。」

他說：「當你叫我甚麼都不要做時，我整個人好像都鬆下來了。」

我說：「因為你太累了。」

香港人生活忙碌，一個人有三頭六臂，萬千職務在身，拖延其實是很常見的問題。而拖延其中一個特別的地方，就是偏偏拖着最容易做的事情。難事的拖延和易事的拖延，背後的心理機制並不一樣。

面對困難的事情，自信不足、時間或能力、支持不足，害怕失去而出現拖延，很正常。然而，面對輕而易舉的事，就與自信及能力無關了。在我的經驗中，過度忙碌、一心多用、沒有自己空間的人，休息不足的人，便會出現這種特別的拖延。

很多人會怪責別人：「為何這點小事都做不好？」當事人也會怪責自己，然而，問題並非出自責任感，我會說，這種人可能是更有責任感。因為他背負了太多包袱與責任，就像一個沙漏，載滿了石子，石子已滿了，漏出來的只有沙粒而不是石子。小事可忽略，大事可不行。然而心力都被大事拉去了，又怎會還有其他的力氣呢？

有些人可能會問，有些事情例如交帳單，真的小到不行，怎麼也拖？分明是藉口！然而如果潛意識能這麼容易被腦袋所控制，人生就不會有那麼多的問題了。

簡單來說，正如減肥，難道一下子減的就是你最想減的肚腩嗎？還不是在那些不為意的地方？當一個人缺錢時，總是會在生活中不同細節多省一點，不是嗎？

能量、心力也是一樣的。由於要「留力」給最重要的事，所以身體、潛意識便自動把簡單的事過濾掉。

在我眼中，拖延，就是一種說不出的累，令身體拒絕執行腦袋的指令。而這種累，往往由心而來，因此即使睡眠充足，心有餘而仍然力不足。

我幫助個案將生活中一些事情分析，讓他找出自己必須做的和可以放下的事情。

結果，他發現自己原來花了極大量的心力，在處理自己毫無興趣的事情上。生活枯燥乏味，人生沒有東西令他特別開心，也沒有東西令他特別傷心。其實簡單來說，就是悶到不行。

我們常聽說「斷捨離」，有時生活中不同的事情，也需要去斷捨離一下，當背上的包袱與行裝減重了，人自然就走得輕鬆、有活力了。

當個案把自己手上的工作，分給下屬去做；當直接並帶着愛和家人溝通，搬離那沉墜的家，讓自己有更多的空間，無論是心靈的空間還是生活的空間。他說當一搬進新家之後，整個人就截然不同了，好像呼吸的每一口空氣，都是自由的、新鮮的。由於搬家丟了大量雜物，故此整個人也有煥然一新的感覺。

當然，還要重新調整生活中不同事務的重要性，放下更多可以交給別人的工作，以省卻更多精力去應付自己喜歡或重要的事情。這種「人生整理術」，對他來說實在是生命的大轉化。

第四章 CHAPTER 4

你忘了，身體卻仍記得

如果一個人的一段潛意識浮現出來之後，他會突然領悟，好似他記憶中有一道裂縫，裏面有許多曾經發生過的重大事件，只是他根本記不得……佛洛伊德老早就看出來，對某些個案來說，這樣的記憶喚回會產生宏大的療效。

——榮格（Carl Jung）

4.1

肚子裏，是母親的記憶

童年創傷我們聽得多，但回溯到母親體內時的創傷，在我所接觸的個案中，其實也不算少見。

人們都說母愛很偉大，家，是人生中最重要的避風港。父母與孩子的關係是人成長中最重要的關係，在不同的研究中我們都能清晰看到，一個人若童年受虐或得不到父母的愛，在將來的生命中總是比較多起伏跌宕。每個人都有不同的個性，有些父母愛子比愛自己更甚，而少數，卻難免空有父母之名，卻從不勝任。

女子的肚皮上，縱橫交錯，滿是疤痕。她出生才二十一天時，便要做一個大手術，將部分的腸臟切除。四十多年後，她因為癌症，而需要將整個子宮切除。

她前來時，嚴重抑鬱，有自殺傾向，已完全停職，每天都在焦慮、恐懼與傷痛中度過。然而那時卻是手術完成後，身體已康復了大半。在一般人眼中，她應該為自己逃過生命中的大劫而高興才對。

有不少做完器官移除手術後的人們，均會出現抑鬱或情緒不穩的狀況。我們聽過產後抑鬱，當中除了因為未能適應新生命來到家庭的生活外，也由於恍如自己身體及生命的一部分（胎兒），離開了身體。懷孕時，身體由於荷爾蒙的急劇變化，當中包括雌激素、黃體素和甲狀腺素等，均影響情緒的調適及波動。女性的子宮當然是生產荷爾蒙的重要器官，因此做了子宮切除手術後，同樣會出現身體未能適應而影響情緒的狀況。

然而，個案的恐懼有點不尋常。她總是害怕死亡。明明已在鬼門關走回來了，明明手術很成功，明明身體已復原得很不錯，但怎麼，還會害怕死亡？

個案和母親的關係極度惡劣。她表示，要和母親說一句話也十分艱難。女子的母親性格暴躁猛烈，說出口的話沒有多少句是令人愉悅的。又加上重男輕女，故此女子在成長的歲月中，母親給她的，都只有痛苦的回憶。

我不禁想起她還是初出生的嬰兒時，便要和母親分離，且經歷重大的手術。

有些人會以為，一個小嬰兒，又會有甚麼感覺？那麼小，甚麼都不懂。但越來越多科學研究證明，嬰兒即使才剛出生，也能感覺到母親的情緒。戴別克（Debiec Jacek）等人於《美國國家科學院論文集刊》發表的文章指出，嬰兒能感受到父母的感覺、情緒，當母親對某些事物感到恐懼時，嬰兒同時會感受到母親的恐懼並把它記住。這是一種人類的求生本能，當我們感覺到對某些事物的恐懼時，將來遇見同樣的事物，便會勾起恐懼的情緒，並作出或戰或逃的反應。

心理學有一個著名的理論叫「莫扎特效應」（Mozart effect）。加利福尼亞大學的戈登·肖（Gordon Shaw）與威斯康辛大學的勞舍爾（Frances Rauscher）在一九九八年進行了一項實驗，他們讓大學生聆聽莫扎特的《雙鋼琴奏鳴曲》，發現大學生在聽完樂曲後，空間推理能力竟然有顯著的提高。其後關於莫扎特音樂的副產品大行其道，甚至連給孕婦肚子中還在發育階段的胚胎聽的都有。

因為人們相信，即使在母親的肚子裏，嬰兒也能感受到母親情緒的變化。

對於個案出生時肚子上的大手術，加上與母親的重大分離，不難想像二人之間的關係會出現不尋常的狀況。我不禁隱隱然感受到，她母親在得悉自己那麼幼小的孩子，要面對一個足以致命的大手術時，內心的那一份恐懼與驚惶。當進入催眠狀態時，最令我驚訝的，並不是個案回到嬰兒期的場景，而是更深更遙遠的歲月——當她還在母親體內的時候。

個案回溯到仍在母親體內時，有一種強烈的恐懼，因為母親想墮胎把她打掉。這死亡的恐懼，令胎兒極度焦慮不安。個案其後也表示，原來母親在她之前，已打掉過幾個孩子，因為當年家境困頓，母親怕養不大。故此這腹中的回憶，可能甚至混合了母親回憶起自己打掉幾個孩子的負面情緒所影響。

然而，母親的心情也是矛盾的，因為這一次她真的不想再墮胎了，墮胎不只傷身，也傷心。

童年創傷我們聽得多，但回溯到母親體內時的創傷，在我所接觸的個案中，其實也不算少見。假如母親在懷孕期有強烈想打掉孩子的念頭，孩子內心會對母親產生恐懼、抗拒或焦慮感，既愛且恨。這種複雜交錯的情緒，假如在童年時期沒有得到母親足夠的關注和愛，孩子在成長期間會日益強化這種不安感，甚至成為人生中一些未知的障礙。

當女子在催眠狀態下，了解到母親的矛盾，並且聽到這一句：「我希望她健健康康長大」時，眼淚便如決堤崩塌，多年來的恨，與不明白的恐懼與不安，大大減輕。自此之後，她開始和母親定期相見、吃飯，對母親暴躁的情緒也多了一份體諒，而且一直以來面對母親時油然升起的那份恐懼，也煙消雲散。

母親的性格如舊，但她卻從此改變。才一個半月，她便開始回公司兼職，再一個半月後已痊癒且完全復工了。她身上本來驗出了有新的淋巴瘤，也完全消失。

4.2

那年的冬天特別冷

那句「我很好！我沒事！」其實，
背後根本就是在說着：「我不好，
我心裏有事。」

她坐着，臉色蒼白，一直在喊冷。明明我還在穿短袖衣服，但她卻一直在打着冷顫。

我拿一條特別有質感的大毛毯給她，讓她包覆着整個身體。我坐在距離她一米的斜對面，竟也感受到一陣陰冷，從她身上隱隱透出來。

治療室的飲水機明明有熱水供應，然而我卻選擇扭開電磁爐，煲起熱水來。我知道，這電磁爐雖然沒有明火，但那燒得燙紅的發熱線，以及那滾水的蒸汽，會讓整個空間瀰漫着一份溫熱的水汽。

這一點的溫度，這滾燙及燒煮的熱度，能把她的心拉近一點這真實的世界，和那寒冷的世界，拉開一點距離。

真實世界的感覺，對一個不算很清醒的人來說，很重要。

我煮茶。她一直說話。我一邊聽，一邊在用心煮茶。

有時候，一個寒冷而在說話的人，並不需要別人去做心理分析。這個人，需要的東西，叫溫度。

燒一壺熱水，用心去替她煮一壺茶，用心去聆聽，就是一份恰到好處的溫度。她雙手顫抖着，捧着那灌了熱茶的白瓷杯，熱茶的溫度，偏熱，卻剛好入口，滑過舌頭，從喉嚨流到胃子裏，也仍然散發着一份溫熱，一份足以讓她的心腹感覺溫暖的溫熱。恍如湖水中的漣漪，讓這種溫熱在她的體內，如暈散開，也緩緩的波動、散開，再顫動、再散開。由內而外。

而那煮得沸騰的水蒸汽，則如幫她把身體浸入溫泉中，有一份令人放鬆的溫暖，在皮膚上逗留，再滲入，慢慢融化她身上那肉眼看不見的冰點，令僵硬及綳緊的肌肉柔軟下來。讓這溫暖的安全感，慢慢瀰漫全身。由外而內。

她輕啜着茶，喝完一杯，我又替她再添一杯。

茶的味道，略濃、略重，偏深色。目的，是讓她與寒冬那蒼白的顏色呈現一份明顯的落差。略濃的茶味，也幫助她從夢幻般的世界，拉回現實多一點。

活着的人，就是有溫度、有質感、有顏色、有味道的。

半死的人，才會冰冷、蒼白、單薄、沒有味道。

漸漸，她腹中的熱茶溫暖了肚子，她從嘴巴吐出的寒氣，也多了幾分活人的氣息。被水蒸汽薰熱的空氣，也讓她蒼白的臉上，薰出了一片紅暈。

到這刻，空氣中那一開始便微微顫動着的寒意，也逐漸回復一片平靜。

那誰

她說，那年的冬天特別冷。

她在國外居住，那總是說着不熟悉的語言的國家，冬天總是覆蓋着厚厚的積雪。那一年，某一天，她父母大大吵了一架，父親收拾行李離開家裏，之後便再沒有出現。

她並不記得那天父親有沒有跟她說過甚麼，也不記得自己是怎樣的心情，她只記得，門一直打開着，門外的飛雪不停飄進屋內，很冷，很冷。

從那天開始，她的心裏便有一層厚厚的積雪，無論怎樣，也融化不了。

十年前某個寒冷的冬天，她女兒也提着行李離家出走，自此杳無音訊。她生命中是一重又一重的雪霜，堆積在心上。我們要讓那心上的雪融化，又豈止是一條毛毯、一杯熱茶能解決得了。

她的生命中，能數出來被愛的體驗少之又少。結婚不是自願的，是因為年老的母親想她有個歸宿，所以她才和當時的男友結婚，然而那時才二十出頭的她，根本從來沒把對方視作結婚對象。

倉促決定一條要走上終生的路，註定艱難。

她在會面過程中，說得最多的一句是：「走便走吧！走了以後別回來！」

有時說話像個魔咒。這句一再重複的話，遂成為了她悠長歲月裏一再熄滅的那盞昏燈。

人們總是把話說得好狠。以為這麼的一句話，大家會明白不過意氣用事，不過衝口而出，不過口不對心。

我們總忘了，其實人類都是膚淺的生物。沒有多少人，擁有聽見別人心聲的能力，更何況要去猜度那些口不對心背後隱藏着的重重意味。

說到女兒的離開，她說：「我很好！我沒事！都過去了。」

她臉上那緊抿的唇，呈現着一份委屈與怒氣。我說：「如果很好，那為甚麼你還那麼生氣呢？」

她連珠炮發地把自己多年辛苦養育女兒的痛苦、她承受着的丈夫的家暴壓力、她女兒多麼的刁蠻難教等等，像機關槍一樣訴說出來。

我說：「看啊，你還說自己沒事。」

那句「我很好！我沒事！」其實，背後根本就是在說着：「我不好，我心裏有事。」

很多人，和她一樣，不快樂、不開心、傷心難過，但卻不斷跟自己說：「沒事。」不斷否定自己的感受，結果不斷累積，而這些日積月累的壓抑，只會讓自己越來越不快樂。

情緒是人天生的機制，否定自己的情緒，就如不許人吃喝拉睡一樣，當中的傷害其實甚深。我們現時的教育制度中，並沒有教導一個人如何面對及處理自己的情緒，因此很多人，只能按小時候父母或家庭教育的模式去模仿或學習，有些比較好運的，長大後會自學，讓自己的情緒有一個相對健康的釋放渠道。

對於一個長年壓抑及否定自己情緒，甚至感情的人，假如她呈現出的不是冷漠而只是心寒；當她在談及某些人事物時，情緒還算明顯且強烈的話，我會先幫助對方去釋放第一重的情緒。

就像這位女子，當她咬牙切齒地說：「我很好！我沒事！」時，臉上扭曲的表情，不覺緊握的拳頭，就是憤怒及怨恨。我遂幫助她表達出內心的這種感受。

我把沙發上的咕啞遞給她，說：「罵吧，要罵甚麼都可以。咕啞，給你打。」她足足罵了近一小時，我完全能感受到治療室中那空氣顫動的餘波。那罵人的熱度，恰好和前來時的寒冷，形成一種強烈的對比。

她罵的每一句，都是心有不甘、滿腔的委屈，一般人聽見這些說話時，就只是聽見當事人的投訴和批判。情緒是不會說謊的。心有不甘，因為付出得不到合理的回報，甚至乎沒有回報或受傷；委屈，是啞忍及承受着不快樂，只有把苦和淚都吞進肚子裏去，因為有很多事情，都很冤枉。委屈，往往因為別人怪錯了自己，但自己卻無法辯解。這些不甘和委屈，背後的，都是付出和愛。但人們往往只看見殘酷的外表，看不出她背後的付出和愛。

憤怒是次級的情緒（secondary emotion），當憤怒被釋放了之後，這時才去觸碰憤怒背後的情緒才更有效。那，就是悲傷；而在悲傷背後，往往都是愛。

我說：「你為女兒做了很多吧，你說到小時候你病着還照顧她，她發燒你徹夜不睡……」

她眼眶開始轉紅，眼淚到這刻才開始滑下來。我說：「你……很愛她啊。」

她哭着說：「她是我女兒，我怎會不愛她？怎會不愛她？」「她走了以後我天天在等，每一晚都等到天亮，我連她最喜歡吃的菠蘿生炒骨一次都沒吃過了，因為我一看見就會想起她，我受不了，我受不了……」

承認愛，有時比承認恨一個人，難太多了。

她溫熱的眼淚汩汩流下。

你問我，這樣做是不是很殘忍？我怎麼要讓一個心碎了的母親，去感受自己對女兒的愛？我會問：「明明很愛，但卻不讓自己去愛，不是對自己更殘忍嗎？」

愛，會讓人的心溫暖，就算已經離開，就算已經回不到過去，但某天下雨，雨點落在窗上的時候，心中會有一份思念來敲門，你會轉頭看看窗外，看看那被風吹歪了的樹枝，心裏會想：「不知樹上的小鳥會不會有生命危險？」然後你可能看見，一隻小貓瑟縮在樹叢中，你不忍心，跑出去把牠救回來，然後，牠就成為了你家裏的成員，你把牠取名為「Hope」（希望）。那孤寂的空間，因為這愛和思念，就有了希望。

然而，否認愛，拒絕愛，消滅愛，那就只剩下冷漠與心寒。

有了愛，縱然曾經滄海，但生命就有了層次、有了溫度、有了晝夜與白天、有了雨天與陽光。

有了愛，當某天那迷途的人終於找到回家的路時，你才能走上前，給這冷濕及嚇壞了的身軀，這個你深愛的人，一個溫暖的擁抱，讓對方和自己，感到心安。

4.3

滷水雞翼的相思與斷腸

我長大後喜歡吃雞翼，是因為滷水雞翼滿滿都是父親愛與美麗的回憶。那些，我在許多個年頭，明明深愛着卻遺忘了的回憶。

摔倒了，在父親節後

某天晚上，我正在走向課室的路上，天空下着微絲細雨，我穿着水鞋，買了三文治和熱咖啡，打算趕及在開課前作為晚餐。大廈的電梯是舊式以人手操作的，我向操作電梯的叔叔說出樓層，他卻問我：「你是否走錯座數了？」我看了看四周，才恍然大悟自己真的弄錯了。出門步下樓梯，怎知腳一滑，一屁股跌坐地上，滾燙的熱咖啡淋得滿身滿手都是。

左手一片灼熱的感覺傳來，原來除拇指外四隻手指全被滾熱的咖啡燙得通紅、腫脹。雪白的衣服上，一大片都是咖啡漬。

臀部很痛、手很痛，我竟冷靜地用右手拾起地上的咖啡和三文治，慢慢走到下一條街，在雨中從濕透了的紙袋中，拿出尚未遭殃的三文治，餘下的都丟到垃圾筒內，然後在雨中走到正確的入口。疼痛而滿是咖啡的左手懸在半空，直直走到課室。整理洗刷後，靜靜地吃完三文治，上課。

咬着三文治的時候，我不知怎的，腦海中總是很想很想吃滷水雞翼。

摔倒的前一天，剛巧是父親節。而父親，也過世近三十年了。

回到家中，已然夜深。我看着已回復膚色的左手，中指上有一個小傷口。這一個小傷口，假如不理會它，它會自己好起來嗎？但如身體不健康，沒有好好打理的話，它可能會發炎、潰爛吧？

我忽然，想起了父親過世後，我們家仍然在養的那隻相思鳥。牠身上的毛總是豎起、脫落。不知何時開始，牠無法好好打理自己的羽毛。

那隻鳥，我總覺得，牠病了，因為牠活得很不快樂。

最後，那隻鳥，不久便病死了。

相思。秋海棠

在濟州萬丈窟的門口，種了一棵橘子樹，由於是深秋，樹上的葉子都掉落了，剩下一個個黃澄澄的橘子掛在樹梢。我聽見熟悉的吱吱聲，帶點嬌俏、帶點依戀、像女孩兒的心事。心想：「咦？這不是相思嗎？」

我家小時候，父親很喜歡養相思鳥。他總是把鳥籠掛在騎樓那些用來晾衣服的竹條上，偶爾會買蚱蜢給鳥兒吃，說那是鳥兒的盛宴。有時候，他會叫我把鳥籠用丫叉取下來，替鳥兒換報紙、添水、添糧。那相思，身形細小，綠毛如纖，光滑得像媽媽喜歡的綠玉。腹上一片雪白，有時我會偷偷用小手指伸進鳥籠，以指尖去輕撫那嫵媚的綠和白，感受那人類沒有的細軟與溫暖。

我想，我一定有問過父親，相思是甚麼意思。然而他怎樣回答，我已記不起了。但相思二字，一直在我成長的路上，在每一段感情中，於心內縈繞。

雖然我對父親的認識不多，但回想他種的花、養的鳥，猜想他是一個很浪漫又重情的人。陽台上的秋海棠，竹枝上的相思鳥，這邊相思，那邊斷腸——秋海棠又稱斷腸草。

「秋風清，秋月明，落葉散還聚，寒鴉棲復驚。相思相見知何日，此時此地難為情。」作為一個離人，父親也許總有斷腸時吧。

父親的年代，還未有《神鵰俠侶》，但我想那秋海棠，不也恰似一朵朵情花嗎？卻又偏偏被稱作斷腸草。難怪，我對情，總是有那麼刻骨銘心的感受。原來那是從小受那相思海棠的薰陶。

因為，那騎樓就是我每天做功課與學習的地方。書本上的東西沒學上多少，四周的情懷卻植根心底深處，影響一生。所以說啊，學習的環境，影響真大呢。（笑）

在濟州時，我抬頭望上光禿禿的枝椏，竟見一隻相思鳥在啄食樹上的橘子。那刻我心裏覺得很奇怪，怎麼相思鳥會吃橘子的呢？現在想來，也許是因為以前只見鳥兒吃蚱蜢和鳥糧，從沒見過自然界中的相思鳥所致。

我抬頭望向樹梢的鳥兒好一陣子，直到牠吃飽了離去。那啁啁的叫聲仍在藍天與枝椏的交錯中縈繞，鳥兒已不見蹤影，遺留下的卻是一種相思的心情。

我心中一陣悵然。

誰念我、想我，如那相思的綠毛如纖？

滷水雞翼

我很喜歡吃滷水雞翼，別人怎樣説雞翼不健康、雞皮不健康，但我吃雞翼時，還是不管怎樣，都會連皮一起吃，覺得這樣才算是吃着真正的雞翼。

有些人喜歡雞腿，因為「啖啖肉」，然而對我來說，雞腿永遠比不上雞翼好吃。

多年來我一直不知道原因，後來某次處理潛意識和父親的關係時，在催眠中驀然記起，原來在那個小小的我還在上幼稚園的時候，父親每天都會清晨起床，煮早飯給我吃。然後替我穿上校服，拉着我的小手上學去。

父親是潮州人，所以早上煮的是潮州粥，我總是特別喜歡粥裏放了前一晚吃剩的滷水雞翼，看見那白粥上的滷水汁慢慢化開，兩隻小腿便在椅子上踢着腳，因為那粥比平時更美味好吃、更香甜，而且，還有雞翼呢。爸爸會把一隻雞翼分成兩邊，以逗我吃上兩小碗粥。如果那天爸爸心情好的話，我會有幸能吃上兩隻完整的滷水雞翼。

然後，那個早上就開心得不得了。

原來，我長大後喜歡吃雞翼，是因為滷水雞翼滿滿都是父親愛與美麗的回憶。那些，我在許多個年頭，明明深愛着卻遺忘了的回憶。

父親節，對我來說彷彿從來都沒有甚麼特別的意義。

但愛，卻在一次的摔跤中，從一個小傷口裏，在回憶中冉冉升起。你早就忘了它們的存在，就如你遺忘了前生的愛。然而，當你重新感覺到內心的那份溫熱時，才發現，原來它一直就像那滷水雞翼，每天在你的生活中，如此相思，如此斷腸。

你以為它不在了，它其實一直都在。它在你吃過的每一口味道裏，也在你所愛過的每一個人的思念中，不曾離別過。

4.4 眼中拔不出來的那根針

我們的夢境、共時性、催眠、意象、繪畫、聯想等等，均脫離不了象徵意義。然而我發現，其實身體疾病或不適的出現，也有其獨特的象徵意義。

讀龍應台《幸福是甚麼？》一文，她說到「幸福就是，生活中不必時時恐懼」。我想，無論在香港的社會動盪與世界性的疫情下，大家都深有所感。

人們生活中總存在着許許多多的恐懼，恐懼意外、恐懼失去親人或愛人、恐懼不被愛、恐懼年老無所依、恐懼坐飛機、恐懼昆蟲、恐懼細菌、恐懼孤單、恐懼死亡，甚至乎，恐懼變化。在我心理治療師的職涯中，接觸過不同類型的恐懼，畏高、怕蟑螂、怕坐飛機、怕細菌等等這些常見的問題外，也有些大家可能想也想不到的。

其中一個個案，她的恐懼十分特別，她怕的是——門鈴聲。

無論何時何地，當她一聽到門鈴聲，便會出現「驚恐」（panic attack），特別是住宅大門的門鈴聲，她會整個人「彈起」，伴隨心跳、心悸、心慌，甚至難以呼吸。

個案述說着賭博成癮的丈夫如何不斷被大耳窿追債，她們母女不斷被騷擾、恐嚇、搬家，每當聽到門鈴聲，她便直覺覺得是「那班人又追上門了」，所以門鈴聲便和這種恐懼相連在一起。

一般心理治療師其實對於上述的聯繫相信絕不陌生，然而，我們這本書談的是——身體。我留意到個案有一個很特別的身體反應——她總是不停地眨眼。平時我們說話會眨眼平常不過，然而她的頻率卻超越一般人會眨眼的次數及力度。我忍不住問她：「你眼睛不舒服嗎？」

個案表示：「每當我看到鋒利的東西時，便會覺得眼睛像被針拮一般的痛楚，我會好驚。」然而現場並沒有任何鋒利尖銳的東西，個案表示：「現在不痛的，只是不知為何不舒服。」

她說：「就像眼中有一根拔不出來的針，不知何時就會覺得不舒服。」

仔細觀察，我發現每當個案「說」起門鈴聲時，除了心驚，更會不覺眨眼（眼睛不適），而她表示「聽」到門鈴聲時，狀況亦相似。即是說，縱然只不過回憶起門鈴聲時，她的眼睛也會覺得不舒服而眨動。

精神分析強調「象徵意義」。我們的夢境、共時性[1]、催眠、意象、繪畫、聯想等等，均脫離不了象徵意義。然而我發現，其實身體疾病或不適的出現，也有其獨特的象徵意義。

正如這一位個案，當她看到「鋒利的東西」（即可傷害她的東西）時，眼睛會刺痛（因為怕被看見，一被看見便會受傷了）。

由於在個案的想像中，那些兇神惡煞的追債者會拿着利器傷害她和女兒，故此「看見鋒利的東西」，其實和「聽到門鈴聲」的反應很相似，都會燃起她內心強烈的恐懼感和不安。

一般人遇上眼睛刺痛的問題，當然會去看醫生，而一般心理治療師，若發現個案眼睛不適，當然也是會建議對方去看醫生。作為心理治療的第一步，這是絕對正確的。只是當工作的日子久了，便會發現原來這些都是內心造成的身體反應，在個案身上，則是眼睛刺痛和忍不住眨眼等等情況。

而當內在的恐懼處理過後，很自然地個案的眼痛、對鈴聲懼怕的狀況，也隨之而消失了。

註

1　共時性：簡單來說，是不可思議的巧合，而這些巧合卻對一個人來說有着不尋常的意義。榮格有更深一層的解釋：「任何心靈的事物不在於因果的關聯，而是意義的關聯，因此即使兩個偶發的事情，彼此沒有因果的關係，卻因為同步發生而使人理解到其中的意義。」

4.5

尋找那無法崩壞的一點

當人真正知道自己要的是甚麼，便不會再被痛苦糾纏，有力氣走下去。有時療癒與變好，不必做甚麼驚天動地的轉化，領悟就夠。

「你，愛過我嗎？」

這是所有愛情中，最大也最痛的、無法釋懷的問號。一切的苦，皆由此而起。

記得，那曾經令你心動的時刻嗎？

也許是三號風球下的一場雨、也許是歲月無聲的累積、也許是寒冬中遞過來的一碗熱湯、也許不過是在無聊到極的時候，東拉西扯的談天說地。也許是天氣、也許是太乾燥、也許是生理周期，也許，不過在某時某刻，令你忽爾忘了掃手機。

曾經有一個個案，她總是大感冒，每次感冒時都咽喉腫痛、聲帶發炎、聲音沙啞，令她不想說話，甚至乎，討厭說話。

她說，她在沉默的時候，心裏會有一份特別的安寧。

每次我以為她生病來不了時，到會面前兩天，她喉嚨的病況總會好轉，聲音也會比較清晰，說話也不算很費力。

那段日子，她在經歷着一段說不出口的感情。

她說，那男人令她心動的，是他的沉默。每次會面，二人都只有沉默。這一份沉默，令她鼓噪不斷的內心，竟忽爾也沉默下來。空氣中，凝結着一種感情，也許是男人不懂表達的感情，也許是女人不太想表達的感情。在這份沉默的感情之中，默默地，流露着各自的滄海桑田。

這一份默默，曾經是多麼的珍貴。

在女人離開男人之後，她說最令她魂牽夢縈的，仍是這一份默默。默默的陪伴、默默的守候、默默地愛着，默默地，感到愛在滋養與增長。

然而，沉默，令人動心；沉默，也很傷人。

男人的沉默，有一種不可理喻。行蹤的沉默、對女人訊息的不回應、對女人即使很簡單的要求的沉默、對女人的愛與思念的沉默。當沉默演變成失落，一次又一次失落累積成無語，就變成心痛與冷漠，甚至愛的抽離。而女人，漸漸，無法再忍受這個男人的過度沉默。

女人來找我時，是人生中最痛苦的時候，她愛這個男人但又離不開，然而心卻很痛，尤其是男人沉默所帶來的傷害。她覺得自己被騙了、被戲弄着、吃了虧，甚至乎，覺得男人只不過當她是消遣。因為她發現，原來這個男人，早有家室。

她的大感冒和咽喉痛，正是這些委屈的情緒在作祟：說不出口的關係，男人的沉默。然而，她卻又眷戀着過往雙方那心中令人心動的沉默。

她在痛苦的漩渦中，不斷輪迴。

即使男人表示與妻子早已沒有感情，大家幾乎天天吵架。甚至乎，已多年沒有性。因此，男人才會和女人在一起，動了情。每一段愛情，都有它背後的故事，都有它花開花落的過程。

在一次的治療中，潛意識場呈現出女人心底深處最真實的場景。

男人，是真心愛她的。即使，他從來沒有說過。

當潛意識最真切的一切浮現時，許許多多真實的場景回憶漸漸被憶起，彷彿渴望讓女人知道，那點愛，是不會崩壞的。

因為一切，已發生過。

在呈現的一刻，感情洶湧，她哭成淚人。因為女人心中所有的痛苦，都是來自覺得男人不愛她，覺得自己不值得被愛。當她的眼淚漸漸收起來之後，臉上露出釋然的神情。內心，彷彿打通了一些阻塞的感情。她其實心裏很清楚，她渴望的，是一段正式的關係，穩穩的幸福。

當人真正知道自己要的是甚麼，便不會再被痛苦糾纏，有力氣走下去。每次見她，她都改變了一點，臉上的光彩也多了一點，自信多了一點，笑容多了一點，甚至乎，開始為自己的夢想而奮鬥。她的大感冒，也恍如迷霧被吹散了，無影無蹤。有時療癒與變好，不必做甚麼驚天動地的轉化，領悟就夠。

人們以為她堅強了，但事實是，她這一份堅強，其實是男人給她的，她心裏深深的感恩。因為如此，她走得更決絕。因為，她心底深處被一點閃閃發光的愛所滋養着。同時，也默默地把它收藏在心裏，好好珍惜着。

因為，她付出過的愛，已無憾。

我們人生中尋求的，其實就是這不會崩壞的一點。讓我們，即使日後仍會流淚，但心裏還是會溫熱的一點。

第五章

CHAPTER 5

身體的反應，是黑夜裏的星星

從一開始，我便有一種命中註定的感覺，彷彿我的生命是命運賦予，而我必須接受。這使我感到安全，儘管我無法向自己證實它，它卻向我證實了它自己。

——榮格（Carl Jung）

5.1

成為你今天微笑的原因

有時我們以為自己渴望的是太陽，但原來，自己需要的，卻是那和煦的陽光。微暖，抱着時，有一份人性的溫度。

每次女孩前來，看着她漂亮的樣子，聽着她說話，我都有一種像電影場景裏進入異度空間的迷霧感。她有點不食人間煙火，卻又實實在在的存在。她其實對過去每一段感情都很放得下，她說其實自己很喜歡戀愛，但每次戀愛都慘淡收場。

我看着女孩的眼睛，有一種懾人的力量，和一般的個案不同，她讓我有點「怯」。

她走在路上，給人一種輕飄飄的感覺，像有一種「仙氣」似的。她說她的食量很小，小得令人驚訝。她說起了自己多年前經歷過一次重大意外之後，身體雖復原得很好，但總是覺得自己輕飄飄的，走路走不穩。

那刻我心想：「其實是不是因為沒吃飯，所以沒力氣啊？」

她好像讀懂我的心似的，說：「我也試過多吃東西的，但沒有用啊。」她忽視我帶點錯愕的表情，續道：「而且我真的不餓，我試過很多次，買一盒飯回來，就是吃不完。」

「我總是覺得自己活在存在與不存在之間。」她說。

老實說，當她說出這句話時，像一道電擊，擊中我心裏那一份「怯」的感覺。因為，我總覺得她不像是一個完全活在我們這個空間的人。她明明坐在你眼前，但感覺卻是多麼的不實在，彷彿下一秒就算她從你眼前消失掉，你也不會覺得有甚麼稀奇。

當面對個案時，往往我很容易便能捕捉他們的情緒變化。就像他們說話時，四周會迸發出不同形狀的圖案，而我只要看見那些圖案，就知道他們的情緒狀態。然而面對着這位女子，她儘管有某些情緒，但那些迸發出來的圖案，卻像半透明似的，捉也捉不住。

她說，那一次重傷，讓她幾乎死去，醒來過後，她的覺知狀況出現重大轉變。不是電影場景中那些忽然獲得超能力的主角，她變化的，是感覺。她發現，自己的感覺，來得快，去得也快。有時她很想把感覺留住，怎知別個頭，那感覺就隨着一陣風吹過，消失得無影無蹤。

「那些感覺，以前像有一個落腳的地方，落在我的心上。」她有點悵然若失道：「而現在，在我心裏再也沒有讓它們落下的地方。」

看着她臉上閃過一陣悵然若失的感覺，卻在不夠五分鐘之內，那感覺的圖案，就忽地變得透明、消失了。

我腦海中想起了泰戈爾的名句：「天空尚未留下痕跡，鳥兒卻已飛過。」

她的命運總是有一種飄泊感，住在不同的地方、不同的國家、和不同的人在一起又分開、做着不同的事情，愛上一段又一段沒有結果的感情。

「所以才總會遇上花心的男子啊。」我說。

她一雙過分明亮的眼睛飄向我，我悠悠說：「你覺得你活在存在與不存在之間。」我頓一頓：「而他們給你的愛情，也是活在存在與不存在之間。」她臉上掠過一陣錯愕，瞬間有點恍然大悟的感覺，但不夠幾秒，又回復原來的模樣。

我問她：「其實你生命中，最想要甚麼？」

她想了很久、很久，才緩緩吐出：「戀愛我很想要，但肯定不是我最想要的；錢，如果我八十歲還活着，我會很想要，因為退休生活要錢；身體健康，我其實不太生病；人際關係，我的其實很不錯；事業，其實我沒有很強的成功慾；幸福快樂，說出口時又覺得很虛無……」

最後，她竟然吐出這句話：「我想……我最想要的，是活着的感覺。」

她吐出來的話都淡淡的，像有一陣煙霧。她又補充說：「其實我不太想失去現在這種半活着的感覺，因為它讓我很自在。我沒有以前那麼多情緒糾結，也沒有那麼多的黑暗痛苦，沒有那麼多的愛恨交纏，沒有那麼多的肝腸寸斷，別人的痛苦，我心裏縱然有感覺，但很快就不再影響我了。然而，過着沒有感覺的生活，又很枯燥乏味，有時候，我還是會懷念那種看見花瓣飄落時心裏的悸動，有感覺的時候，你會覺得自己確確實實地活着，所以，我偶爾，還是想感受一下活着的感覺。」

在她的身上，當愛上一個人時，就能夠感受到「活着的感覺」。她說，她其實很懷疑自己是不是真心愛他們，有時候，當她午夜夢迴時，她問自己，沒有了他們，她能否活得好好的？她竟然想也不用想便回答：「可以。」

所以她愛的，並不是那個人，而只是那種「愛着與被愛的感覺」。

她說，她總是被笑得很陽光的男生吸引，那彷彿是靈魂深處的一種悸動，那彷彿是一種記憶深處的呼喚。然而，最近她遇上了一個男生，沒有陽光燦爛的笑容，永遠只是淺淺地微笑着。

女生說，她偶爾會和男生說說話，因為和他說話很舒服。他好像也喜歡跟她說話，然而也是忽來忽去的。彷彿，也存在於存在與不存在之間。後來，他不知為何忽地呈現出對女生的戀慕，女生開始時並沒多大的感覺，直至某天他們見面，他在社交媒體發佈出一張照片，上面寫着這句話：「成為你今天微笑的原因。」

這一句話，像波浪撼動着女生的心，她多年來雖不乏追求者，但她從來沒有這種悸動。緣份的奇妙作用，在那麼始料不及的一刻，那灰暗的天空，竟突然綻放出燦爛的煙花。她多年來一直在付出愛，她多年來總是為了討好別人，而逗別人開心，她被擁有太陽一樣笑容的不同男生吸引，但原來，她內心深處，最渴望的，是自己也能笑得像綻放的太陽花一樣。

因為，她仍渴望被愛，仍渴望活得幸福快樂。

她一直在追求感覺，卻一直沒有想到，原來最大的感覺並不是付出愛，而是被愛着。我的心，隱隱作痛。

她笑說：「原來我之前的，並不是愛情啊。」她吸了吸鼻子：「那只是我為了追求活着的感覺而生出的反應。」

我說：「那你現在，有愛情了啊？」

她綻放出一個甜美，但含蓄的微笑。這微笑，有一種柔和的溫暖，像和煦的陽光，微微照耀。

有時我們以為自己渴望的是太陽，但原來，自己需要的，卻是那和煦的陽光。微暖，抱着時，有一份人性的溫度。

我的心裏一陣溫暖，腦海中浮現她曾給我看過的那位男生的照片，那單純而和煦的微笑。那些從小行為滲透出來，發自真心的愛，在這一刻，都呈現在她帶着微溫的笑容上。

我忽然發現，她四周那像把她和這個世界隔開的迷霧，忽地散去了許多。她臉帶微紅，頷首微笑的模樣，臉上透出的光芒，像把她照亮了，在我眼前成為了一個活生生的人。她離開的時候，雙腳踏在地上，踏實地，少了虛浮。

我不禁想，一個人覺得自己不算活着，那是因為沒有一份令她好好活着的感動吧。

只要在這塵世之中，就逃不過命中註定的緣份。

她一直以為愛情，只不過是一種浪漫的虛無。但原來，踏實的愛情，讓人都變得踏實起來了。

愛情，真的讓人好幸福啊。

5.2

你看到的是星星，我看到的是銀河

因為愛，就如漆黑的天空中閃耀着的星星，即使有些人只能看到稀落的幾顆星塵，但銀河，其實一直都在。

家庭系統排列大師海靈格（Bert Hellinger）曾表示：「我時常在剎那間了解到生命中的事物來來去去，轉眼之間一切發生就會成為過去，我把這種靈光乍現的領悟視為上天給予的一份禮物。這就是一種理解領悟。從中我得到足夠的力量去看待並處理生活中來來去去的事物。這股力量的產生不是來自深思熟慮後下定的決心，或是立定目標後的貫徹執行，這股力量來自內在的流動。通常在我們生命中的種種決定都不是完全偶發自由而成的結果。除了聽從內心、順勢流動，我看不出有其他的方法讓人得到力量。沒有了內在的流動力量我可能早就迷失了自己。」

前面很多篇，都談到了心理治療後，身體疾病及情緒均出現好轉的案例，到這裏，我特別想提提一個無法完全復原的例子。

有一位個案，她表示自己有一種特別的恐懼，她恐懼坐任何的交通工具。一般的幽閉恐懼症，無論是電梯，還是房間中，抑或公眾洗手間內，但凡在狹小密封的空間都會感到不安、焦慮及驚恐（panic attack）。然而，這個案卻只是對「交通工具」出現反應。當她表達自己「和其他幽閉恐懼症患者不同」時，臉上總是浮現一種得意的表情。

她表示，當她坐車坐船時，都會感到窒息、手震、顫抖、呼吸困難。但在香港生活，不坐車是不可能的，所以她也必須勉強為之，挑較少人的時間才出門，能走路便走路。這症狀出現的原因，固然和她以前曾受過的創傷有關，但最特別是，當這個案幾近療癒之後，我一年後再與她相見，她竟然依然述說着自己對交通工具的恐懼。

我用心看着她的臉，她所述說着的過程，表面上雖然是說着一件令她恐懼的事，然而她的表情，卻絲毫沒有恐懼的氣息。我心裏覺得很奇怪，明明當年不是已經好了九成半的嗎？她還能自己自由自在地坐車、坐船、坐飛機、坐直升機，但怎麼，現在從她口中所形容的，卻像一位長期病患者在說着自己的疾病似的？

我細聽她的用字，她說：「你知道啦，我驚坐車的嘛，所以我便叫朋友陪伴我，不然我便會怕得半路逃走了。我一嚇倒便會腦袋空白，而且會迷路，那時正是深夜，那條街又靜又多酒吧，我對煙酒又敏感，一怕起來連回家的路也分辨不清，坐的士也不敢……」

聽着聽着，我也開始聽得出一點頭緒。她因為怕坐車，所以要有朋友陪；她假如受驚，便會迷路；她假如深夜在又靜又多酒吧的街上（有很多酒吧的街上會是靜的嗎？）便會有危險；假如她吸入煙酒再加上加倍受驚，便會連回家的路也分不清；而且她最後連拯救自己的能力也沒有，因為她對交通工具有恐懼，連的士也坐不到……

那麼，她的邏輯其實是：「因為我驚坐車，所以你一定要陪我，不然我便會有生命危險。而如果你不陪我，就是蓄意謀殺。」

因此，當她那位朋友（其實是心儀對象）拒絕陪她坐車回家時，她感到極受傷，在過程中不斷數落對方多麼的無情、不關心自己、沒顧及自己的需要等等，儼如是一場受害者的審判式指控。

而我也終於明白，世上有些人其實根本不渴望痊癒。因為這種「病」，給他們帶來的好處太多了：一種特別的疾病讓當事人變得獨特、得到別人的關心和特別照顧，在自己的世界及關係網中，變得重要且不能失去。他們擁有了特權，因為當你不理會我的需要，你就要遭受良心責備。

而這一種「痛苦」，讓她成為一個「受害者」，因為當別人不能體諒及照顧到她這種痛苦所造成的需要時，就是別人的問題。

正如上面海靈格所說，生命中的事物來來去去，當我們聽從內心、順勢流動，便能讓人得到力量。而沒有了內在流動的力量，人便會迷失了自己。同理，當我們捉着一樣東西不讓其順着流動而離開，那麼我們生命的力量其實便會被削弱，人，也會迷失。

當一個人心裏有一道創傷，這淤塞會造成生命的能量無法暢通流動，正如一個人交通意外受了傷，腦中有瘀血，故令其無法好好說話及行動，但即使瘀血清除了，暢通了，你卻仍然堅持腦中的瘀血仍在，因為當你生病時，家人、愛人都在你身旁，你得到無數的關愛，你渴望讓這種被重視的感覺延續到一生一世。

然而，明明腦中瘀血已被清除，一個人卻仍然「覺得瘀血未清淨」的話，自然還是會說話不靈光、行動有障礙。但其實仔細看，那人的思想敏捷度，根本已和正常人無異。

我常常說，痛苦，是裝不出來的。一把刀真的插在身上的痛，那臉容的扭曲，與你裝作或以為有一把刀插在身上的痛，絕對有分別。除非你能自我催眠到一個地步，是真的相信世上有一把真實的刀，插在你身上。

你問我，當事人是否知道自己其實早已痊癒，只因內心對愛的渴求，而幻想自己腦袋瘀血未清嗎？我會說，可能知道，也可能不知道。

人總是活在自己編寫的劇本之中，當你假戲真做時，連自己也騙了。然而騙得了自己，卻騙不了潛意識。

下面，來說說一些美好的例子。

愛得太遲

接觸過一些個案，感官知覺比別人細膩和敏銳，即使細微至針掉在地上，都能瞬間察覺得到。遇過一些朋友，在別人未開口說話之前，便能感覺到對方的感受和變化。

世上每一個人的感官知覺都像不同的接收器，正如有些人視力清晰，有些聽力驚人；有些人根本分不出米粉和米線的味道，有些人白飯煮得多熟都要考究。而感情上，也同樣會有落差，有些人對愛的感覺強烈，有些人對憤怒的感覺強烈，有些人對悲傷或恐懼的感覺強烈。甚至乎，有些人，能分辨得出細膩的情緒變化，其精準程度恍如一部精密的儀器；但有些人卻對情緒無甚感覺，但身體的感官知覺卻加倍敏銳。

正如母親和兒子在吃一頓飯，母親覺得已一個月沒見的兒子能回家吃飯，即使不說話，她還是開心的；而兒子則覺得工作繁忙，回家吃飯不過是因為勉強抽出時間，心裏總是在抱怨，無聲坐在家裏，咬着母親用心製作的豐富菜餚亦感煩厭，甚至乎挑剔米飯太軟或太硬，魚肉煮得老了，湯太涼又不夠鹹。

母親的世界裏，她的愛如此單純真摯，因此她即使看到兒子的不耐煩、即使感覺到兒子不欣賞她煮的餸菜，即使她對兒子不屑的表情感到傷心，但她只要能見上兒子一面，心裏還是高興的。

因為她看見的，是兒子的愛，而她深深相信這一份愛的感覺。那是由兒子一出生，她便感覺到的感覺，這刻他暫時忘了，但愛一定還在。

她知道，其實兒子不是真的嫌棄她，即使兒子不欣賞甚至不接受她的愛，她仍忠於自己的愛。至於兒子，難道他真的那麼嫌棄討厭自己的母親嗎？也許是的，在那一刻。但他卻沒有細想，為何如此討厭，卻仍選擇去吃這頓不愉快的晚飯？

他作出這個選擇的原因，究竟是甚麼？是不是有甚麼東西，他感覺自己好像知道得不夠清楚？

每一個人，都經歷過這種情感上的不知道。他們也許只像一個機器人般，任由身體自動反應：心中即使覺得煩厭，但仍去吃飯；即使肚子已撐飽了，但仍吞下她叫你多吃的蔬菜；即使覺得心煩意亂，不作回應，但仍皺着眉去忍着聽完母親的囉唆。

也許因為他對於人生的成就、對於朋友或愛人的感覺，在那一刻，比起對母親強烈罷了。但當他某天回首，也許白髮蒼蒼的時候，呷一口清茶，在喉嚨滑過苦澀的味道時，他會記起，心裏其實有多珍惜那天和母親在一起吃飯的時光，他會忘了那碗米飯是太軟或太硬，但他會記得，母親滿佈皺紋的臉，輕柔地問他：「湯，夠不夠鹹？」

那刻他才發現，原來母親的愛是多麼的溫柔，半點都不卑微。那刻，他才知道，原來比起母親的愛，那些人生的成就、酒肉的朋友和鏡花水月的感情，顯得多麼的淺薄，遠遠薄過小時候母親冬天替自己披上的棉襖；那些別人的吻，遠遠及不上睡前母親在他額上輕輕一吻的溫柔，在他心內從無熄滅的溫暖。

那刻他才知道，原來母親的愛是多麼的廣博，廣博得像條銀河。但他當時看見的，卻只有那稀落的繁星點點。

從此以後，讓我們也去接受別人眼中、心底裏那感受不同的世界。因為愛，就如漆黑的天空中閃耀着的星星，即使有些人只能看到稀落的幾顆星塵，但銀河，其實一直都在。

就像那真愛在無垠的宇宙中，在時光與記憶的空隙之中，在凝望的那份沉默裏，在街燈旁的一雙剪影之下，在路上的腳步聲之中，在肩與肩擦過的星火之間，在低頭想念的那一刻，其實……一直都在。

5.3

專注，是為了看見那點光

坐姿、動作、表情、語氣、眼神，以至於小動作及細緻的用字等等，因為這些都是他們口中說不出來，甚至否定的特別訊息。人會說謊，但身體不會說謊。

讀着《Deep Work 深度工作力》一書，對其中所說的深有所感。性格使然，無論做甚麼，都是「深度」的吸引力更大於「廣度」。明白有些人要同時做很多事情才會有滿足感，但在我身上，無論是寫作還是做心理輔導，都喜歡鑽到深處，彷彿去到某一點時，會忽然出現一種新的領悟和轉化，若能到達此點，那篇文章或那次輔導，就算是圓滿了。而且過程當中毫不忽略任何細節，因為每一分一寸，都記載着一些隱藏模式，而當中「那點光」往往就是在深處、在細緻難辨之處出現。就像星星在天空上忽明忽滅，但那顆星星的存在，就是一種呼喚。

道理和「魔鬼就在細節中」一樣，轉化其實也在細微之處，要很細心、很專注、有強大的覺察力和同理心，才能找到生命中能轉化的「那點光」。別小看這一點光，在我心理輔導的經驗中，總發現往往那可能成為對方「維持下去」的信念和力量。

書中說：「在這個淺薄時代，人們紛紛擁抱分心，每天將大把時間浪擲於紛亂的電子郵件和社群媒體上，失去了深度思考、深度工作的能力，不知道自己其實能以更好的方式生活。」

生命中也有過一些日子，表面上過得蠻愜意，但內心卻感覺頗頹廢。除了工作的時間外，其餘時間都花在上臉書、睡覺和一些瑣瑣碎碎現在無法想起來的事。腦海中不時飄過一些點子，但想寫下來時，就可能因為被臉書上的新聞或趣聞吸引而消失，又或在看一些資料內容，然後電話訊息又來了。

在不斷分心的狀態下，人整天沒有做過些重要的事，但一天卻很快就過去了，而每每那天完結的時候，還是感覺累垮垮的。

書中表示，現代人因為不斷分心，因此做着許多「淺薄的工作」，而失去了深度思考或工作的能力，因此一天之中，時間流逝得很快，但卻又沒完成過甚麼重要的事。而「深度思考」，其實是絕大部分成功人士不可缺少的關鍵元素。引用書中的說話：「在免於分心的專注狀態下進行職業活動。這種專注可以把你的認知能力推向極限，而這種努力可以創造新價值，改進你的技術，並且是他人所難以模仿。」

慶幸自己在做心理輔導時，因為要讓專注力完全放在個案上，所以一直頗順利。在輔導的過程中，除了個案想處理的問題、經驗及困擾外，要細心留意的尚有坐姿、動作、表情、語氣、眼神，以至於小動作及細緻的用字等等，因為這些都是他們口中說不出來，甚至否定的特別訊息。人會說謊，但身體不會說謊。

甚至乎，很多時我覺得，身體比起我們的心，更勇敢。

當然，還要去感受對方的情緒，在我心內製造一個場景，好讓自己產生恰當的同理心。除此以外，亦需了解、觀察、感受，作出分析，同時保持着專業的界線和距離，要萬二分清醒。

在每一個時刻，幾乎每一條神經線都必須用上，大部分的感官知覺都要小心去開啟，在發現重點時，還要即時作出追問、幫助對方沉澀、轉化等等反應，因此心理輔導及治療的工作，是一種講求敏銳度高、專注力高、觀察力高，包含情緒、同理心和感染力的過程。至於所需學習的林林總總心理學及不同治療方法的知識，其實都不過是基本而已。

因此每當我自己出現情緒時，往往首要讓自己去「細緻感受」。這不同於沉溺，而是有非常大的清醒度，要在適當時候把自己拉回理性之中。但當你細味其中時，就能發現情緒及情緒裏面豐富的層次，而當中其實每一個細微的枝節，都透露着人生的脈絡和重要資訊。個案們多數都是很喜歡這個過程的，因為從中能得到不少的領悟和樂趣。

而對我來說，這個過程就像在一大堆線團中，找到線頭一樣，當找到了，重要的結，甚至乎死結，就能一一解開。當然，坊間有些快速轉化或減輕情緒影響力的方法，可有助減少線團糾結的程度，但在我接觸過的個案中，有不少是已經試過無數方法才來求助的。我往往發現，「大結」如果存在，無論怎樣，還是都在，必須要細心去拆解，才能把紋理理順、把結解開，因為有些「死結」，是很細小而難以察覺的。而當找到了線頭並作出處理，那麼以後的人生，才不會再結上新的死結。

下篇，再談談早前在一個專為癌症患者舉辦的失眠工作坊中，遇上的「線頭」及相似例子，當中包含了案例、使用的心理治療及理論等解說。

5.4

發現那纖毫之處

參加者一般不會說太多自己的故事，但往往透過細微的觀察、潛意識透露出來的訊息，加上參加者的說話語氣、表情及身體語言等，能作出一點可能有用的分析和建議。

已有五、六年的時間，我持續在某專業機構，舉辦一些專為癌症病人及其家屬而設的失眠工作坊。睡眠障礙是很多癌症病人會面對的問題，有研究指出百分之八十七的癌症病人有不同狀況的睡眠障礙，而這亦在多方面影響着他們的身心健康。每次完成工作坊之後，看見失眠多年的參加者笑着說：「我現在很眼瞓，回家睡覺去。」總覺得很安慰。一個短短兩小時的工作坊，能做到的不多，因為失眠的成因人人不同，但至少讓他們感受一下「很想睡」、「睡着了」的感覺，還是很好的。對失眠患者來說，這已是很珍貴的經驗。而往往在過程中，甚至透視出一些癌症病患者失眠的成因。

研究指出催眠、肌肉放鬆及使用意象，能有效幫助癌症患者減輕痛楚及焦慮，改善情緒。而以上種種，都是影響睡眠質素及造成睡眠障礙的成因。很多時治療師都只會引導參加者去想像某些放鬆的場景或影像，卻甚少問及他們「看到」的是甚麼。

這裏說的意象，和想像相似，但不同的是，那不是一種隨機的想像，而是內心浮現的影像，具有象徵性的意義。當中透過分析或解讀這種象徵性的意義，可明瞭一個人的心理運作。

在細微之處，發現那微弱的光芒

但我，往往問得很仔細。如上一篇文章《專注，是為了看見那點光》所說，「光，就在細節中」，有時候，意象很可能是潛意識在有意無意間透露給人們知道的特別訊息。當然，這首先要對心理學、心理輔導及治療、夢境、潛意識表達訊息的方法有一定的知識和臨床經驗，才能恰當地應用得到。

舉一個例來說。其中一位參加者說，在放鬆想像的過程中，她無法集中精神，往往在進入狀態後不久便被一些思緒打斷了，想着未做完的事，想立即起身去處理，覺得很奇怪。

為了更易閱讀及理解，以下版本按真實對話，我略刪減及輕微修改了一下：

我問參加者：「你平時睡着前也是這樣嗎？很多思緒，還是腦袋一片空白但睡不着？」

她表示：「是很多思緒的，例如日間未做完的事、發生過的事等等。」她還說了一些話，不在此贅述。

我問她：「平時你是很難專心的那種人嗎？做甚麼事情都是手上做這樣，但心中又想做那樣，甚至放下手上的做着的，去了做另一件事？」

參加者帶點驚訝又難過地道：「是啊，這很辛苦的，甚麼事情都做不好，很想去做卻又專注不了。」她顯露出悲傷和為難的表情，低着頭，若有所思。

我察覺到有情緒流露，於是輕聲問她：「這讓你很內疚吧？」她難過地點了點頭，神情帶點悲傷，雙手放在大腿上，拳頭有點握緊，身體是往內縮的，這可見因為治療師的說話說中了她的心事，心中便出現微妙的情緒變化，而影響了身體的語言。

我又說：「其實你很想負責任地做好事情吧？」她本來彎曲前傾、縮着的身體挺直起來，望着我肯定地點頭，眼中投射出悲傷、無助及求救的訊息。

我跟她表示其問題可能和專注力有關，建議她好好處理專注力，學習先完成一件事，才去做另一件事。並且透過完成事情的過程，重新建立自信及自我價值。而當煩惱和情緒都減輕了，心自然輕鬆了，睡覺時也少了許多無謂的念頭和思緒，生活中也少了別人的批評。這不止有助改善失眠狀況，而透過改善情緒和失眠，身體也會更健康，對於癌症康復相信會有幫助。

正念

在工作坊一開始時，我一般先帶領參加者進行正念練習，因為研究證明正念有助改善專注力之餘，對癌症病患者有效改善失眠、情緒、壓力及疲倦感的問題。所以我亦提議這位女士，回去好好練習工作坊上學到的正念練習。

覺察個案的心理障礙

在工作坊中，好幾位朋友也是透過這些簡單意象和對話，找出了建議改善失眠問題的方向。當中，主要都是心理障礙，例如有參加者是恐懼危險、有的是抗拒指令、也有是擔憂失控等。

而研究亦指出，同時使用認知行為療法（CBT）及催眠，有助改善癌症病人的疲倦感問題，在工作坊中雖然無法按正統做法執行，但以催眠放鬆及簡單找出影響着病患的不合理行為或信念等，相信亦有助改善其狀況。而我在工作坊中所使用到的技術，均有正統心理治療理論作支持。

讀懂身體的語言

過程中，參加者一般不會說太多自己的故事，但往往透過細微的觀察、潛意識透露出來的訊息，加上參加者的說話語氣、表情及身體語言等，能作出一點可能有用的分析和建議。當中的過程不是瞎猜的，而是經驗和知識累積下來的推論，而每一句說話中，也在觀察着參加者回應的態度變化。在上述對答中，雖然治療師「看似」在問一些假設或誘導性問題，但其實即使參加者並沒有用很完整的故事回應，其身體、表情、語氣及部分字眼均會流露出答案。

例如上述參加者表示：「很想去做卻又專注不了。」就包含了內疚、自責的情緒，加上其身體表情等反應，我才會有下面兩句的問題，問她是否內疚和其實想負責任做好。而內疚的成因，就是一開始已說出來的——無法專注做好一件事。

這就是把線團理順的一個過程，由無法專注開始，走了一圈，梳理出不合理行為、導致的後果、產生的情緒，最後回到無法專注上，將亂糟糟的線團，鬆解理順成一條線，甚至一個圓。

無法專注，本來是一個「謎團」；但最後，成為了一個「答案」。

溫馨道德提示

在過程中，我也再三提醒參加者，這些只是「可能的問題」，導師給予的僅是「可能有用的建議」，因為這只是工作坊，而非正式心理輔導及治療。這與在輔導室中的正式心理治療過程相比，可謂完全不同，在輔導室中的過程會更完備及準確，而且更客觀、更仔細。

情緒的重要性

在建立意象的過程中，很多朋友都會有無法出現意象、意念分散、不能專注等等問題，但上述這一位參加者，卻在表達過程中，流露出許多情緒，甚至乎可讓人覺察到背後有些不為人知的故事，令她感到難過、緊張、內疚等等。因此我們做心理輔導的，除了看意象背後潛伏着的潛意識訊息，最重要的，還有情緒的展現。因為情緒，就是指向問題的方向。

如上一篇文章所說，現今世代分心及淺薄工作所造成的禍害，實在影響深遠。大量研究指出，癌症病患大部分承受着不同程度的心理障礙，而此參加者在問題中展現的情緒包括悲傷、緊張、內疚等問題，初步推斷可能亦影響着其自尊、自我價值感低、沒自信等自我形象。

這位參加者聽到我的建議後，雙眼睜大、亮了起來，不斷點頭，說：「好的！知道！」她一臉感動，微笑說：「謝謝你！」看到她這樣的表情和反應，就大概知道剛才的過程中，已替她理順了一些線團，解答了她內心一直糾結着、纏繞着的問題，因為她已被內疚、難過、緊張的情緒折磨了很久，而現在彷彿看到光明一樣。

這，就是上面所說的，在細節中，所看到的一點光。

縱然不是精彩絕倫、震撼人心的大轉化，但這點光，就像在一個亂糟糟的線團中找到了線頭一樣。若然懂得好好處理，生命的亂線和糾結，便能逐點理清和解開。當中少了很多憂慮與負面情緒，身體就自然更健康、活得更愉快了。

5.5

要治身，先治心

當眼光能做到向更偉大的層面打開，便能以更大的慈愛看見某些狀況的存在。不強求改變，反而經過一段時間，有些事便會「從後台移到面前」。

濕疹早已被公認為心身症的一種，其出現的源頭與壓力有關。以個人臨床經驗及一些相關資料都吻合地顯示，大部分個案都有被壓抑的情緒。當事人也許知道亦也許不知道自己被壓抑的情緒，而部分患者，更「沒甚麼情緒」。即使遭遇別人眼中的重大創傷例如災難、虐待、侵犯、喪親、暴力、挫敗等等，亦未必如一般人般情緒大起大落，反而顯得異常冷靜，甚至一直過着與正常人無異的生活。

然而，身體卻飽受濕疹或某些皮膚病的煎熬。而其實，這就是情緒響起卻無法釋放的警號。

個案是遭受嚴重濕疹兩年的患者，他童年時曾遭遇重大創傷，但生性樂觀、單純、沒有很強烈的慾望，因此創傷所帶來的情緒壓力一直埋藏在潛意識深處，直至兩年前爆發出頗嚴重的濕疹，雙手不停痕癢、乾裂、出血水等，無論怎樣看醫生、服藥都治不好。

透過心理治療，當中使用了催眠治療創傷、情緒釋放、不同層次的信念轉化（CBT）、幫助個案在不更改過往事件的情況下，在適當時候作出超越個人角度的原諒、體諒、感恩以至慈悲，並由潛意識改寫對創傷事件及人生的信念，作出新的領悟及在後續再作出重要微調，同時重組自身對疾病的觀念、信念、觀感、心理影像，重拾個案對疾病治療與人生的信心，並教導其持續使用正念靜心以緩和情緒，結果在短短兩個半月（六節治療）內，由頗嚴重的濕疹至徹底痊癒。而個案的整個人生觀及將來，亦徹底改寫，脫胎換骨。

而這，絕對不是罕見的個案。當然，每個個案都不同，復元所需時間及使用的療法亦不盡相同。甚至乎，有些個案是「需要某疾病的存在」，因此不願意完全根治（一般人很難明瞭，有空再談），但可大幅減輕病況。

身體疾病的出現，總有其原因。「要治身，先治心。」有很多人以為心理治療只是給心理有嚴重問題的人們，但其實每個人都有過或多或少的創傷，每個人都不開心過，每個人都挫敗過、傷心過、憤怒過、跌低過。而這些種種所引致的情緒，其實一直被埋藏在心的深處，在潛意識中無時無刻影響着我們的思想、行為、習慣，導致心理疾病，甚至影響身體健康。

清理VS不清理

如果明白潛意識，那麼，就會嘗試去接納生命中的一切。坊間有些方法，尤其是靈性層面的方法，乃用「清理」的方式去處理負面情緒或經驗，功效看似神奇，但個人甚有保留。有些清理情緒，有些清理業力，有些把整件事情都清理掉（忘掉或改寫），但既然要「清理」，那麼，即是拒絕接受。大部分「清理」表面上是正面的，但實際上是負面的。因此，我總是強調幫助個案去「轉化」，更應在安全的情況下幫助個案深入探究與微調，精準度要求高、難度不低、需要的時間及技巧亦更高，但總覺得這樣才能善待人生中每個歷練。

在個人的角度來看，人生的歷練必有原因，它是在教導我們如何作為一個更好的人，如何擁有更美好的人生。但把它「清理」了，那就白白痛過了，浪費了心血、時間和眼淚。本來那是一塊通往康莊大道的踏腳石，卻把它移走了，是的，人生看似舒服了一點，但也很抱歉，那美好的將來也不見了（不過當事人本來就看不見），人生恐怕未夠力量越過某些重要的關口。當然，有些個案不過想「復原」或只能「復原」（甚至只是「部分復原」），不要求或難以「成長」，那就另當別論。

而治療師，應該有能力幫助個案看到更寬廣的選擇，而同時讓個案自由去選擇。

就如上述的個案，如果把心理創傷「清理」了，那就無法轉化。那麼，個案就無法理解潛意識的力量，也就無法進入學習如何掌握美好人生的門檻，因為舊有由傷痛造成的負面信念沒有改變。即使病好了，卻仍擺脫不了過去的痛苦，對將來仍然充滿恐懼，而非現在的有自信、神采飛揚，懂得感恩與靜定。連樣貌，都散發着更美好、溫和的氣息。

注意，作為一個心理輔導及治療師，我們的角色不過是幫助個案去幫助他／她們自己而已。因此角色的責任完結了，治療師就退下了，這亦是作為專業人員能夠抽身的重點所在。因為作為治療師，從來只是擔當好自己的角色，而不是將自己看成是神或拯救者。

進退有度，該停則停

凡是所有和潛意識有關的知識，我都深深着迷。

就算總是因為敏感體質而肚瀉及感到非常不適，當對一樣東西着迷時，就能豁出去。與其逃避因不適而產生的抗拒，不如去享受因為敏感體質而更能細味箇中變化的樂趣。

埋首於當中的資訊，越發現家庭系統排列，是一種很高深且不容輕視的工作。從做個案、學習與實踐、訪問、錄影、書籍等等，我發現海寧格與很多家排師所做的不同的是，他懂得何時「停」。大部分的家排師為了圓滿個案，總是充滿耐性地把它排完。最終展現的場景的確很美，然而，我總疑惑是否必須如此。當到某一個位置時，總暗暗透出一種「勉強」。當然，這只是我個人的感覺而已，家排師在其位置上，所感受的也許是另一番風景。

在自身經驗當中，我發現在做個案時（和潛意識有關的各種療癒），潛意識的運作是需要時間顯化的，過度的急進反而適得其反。進退有度，該停則停。有時個案會問怎麼今次不做催眠呢？（他們覺得催眠太有效了，付了錢不做任何「治療」很「蝕」。）我總會微笑解釋給他們聽原因為何。對我來說，做不做催眠或潛意識展現，付出的鐘數都是一樣的。做不做，是為了個案的進度，欲速則不達，有時對話比起進入潛意識更重要得多。

因此我很多個案均會感到生命在逐步轉變，所謂的「看得見」，不止是看得見自己的內心，也同時應該「看得見」生命如何在變化及改善，而這種改變是相對舒適的。安全，從來不只在於變了多少，而是從整個生命中看到及感受到，因為「看見」和「理解」才更有安全感，而個案亦因此感受更深。而當中的理解，並不是要刻意去說明潛意識變了些甚麼，而是覺察到生命的確在調整中，這一種覺察，會令人感到安心及愉悅。突變，則往往令人無所適從，更添不安情緒，甚至出現後遺症。唯很多療癒師，只強調「功效」，而忽略了「步驟」，更遑論每個人的適應能力均千差萬別。

當看得海寧格的資訊越多，感受便越深。高下，從來不在大道理之中，而在纖毫之處。差之毫釐，謬以千里是也。

在我閱讀十來本家排及海寧格的書籍中，有一本名為《洞見孩子的靈魂》，當中海寧格說了一句令我印象深刻的話：「我繼續站在前面，但沒有任何行動，然後狀況就被提升到一個更加偉大的連結……對很多案主來說，如果我們不去介入他們特別的命運，他們就會得到很大的釋放。」

這一句話，就已經充分道出了我從不同家排師身上，所隱隱感受到而說不出口的那種「勉強」，而重點則是當中的重大意義。

觀察海寧格做家排時，不難發現他刻意在某些地方停下來，或在某處便突然中止。同樣出自這本書，海寧格說到，當我們進入任何的關係時，無論是個案與治療師、伴侶、親人、朋友等等，也記得：「我愛你，也愛那一直引領我們的。(I love you and that which guides you and me.)」

當眼光能做到向更偉大的層面打開，便能以更大的慈愛看見某些狀況的存在。不強求改變，反而經過一段時間，有些事便會「從後台移到面前」。

我相信，敬重上蒼的旨意，也就是我們最臣服的謙卑。當放下一切的自以為是，才是真正療癒的開始。

後記

寫了這麼多篇文章，很多人可能誤會我已刀槍不入，練就一身神功，是個半仙的活人吧？然而，千萬別有這種遐想，人始終是血肉之軀，我較少生病，卻不是不會生病。身心靈相連，而人生總有起伏跌宕，誰也沒有把握不會遇上意外或突然世界大戰，正如二〇一九年時，也沒有人能預測到二〇二〇年的新冠肺炎令全球停擺。

在最後，我想以二〇一五年，即寫本書五年前的一篇文章作結，讓大家輕鬆笑一下。

治療師是不會生病的嗎？

病了個多星期，雖不是動彈不得，但香港的感冒最厲害之處，就是未足以致命，卻能像冤魂纏身般死不斷尾。明明這邊廂起床精神爽利，轉個頭又忽地頭重腳輕；明明覺得可以跑上獅子山大呼：「我要世界和平！」一順便掛條横額，那邊廂卻又咳到肺癆差點吐血。

記得某天有位病人上來，我戴着口罩用磁性的聲音禮貌地表示自己感冒未清，她瞪着雙眼彷彿看見異次元生物，說：「吓!?你會病㗎!?」我心想：「吓？治療師不是人嗎？不會病的麼!?」但她那刻的眼神和表情，明明告訴我，治療師是不該生病的。

而我那刻，也差點以為自己真的是外太空入侵地球的怪物，應該比貓多十條命，而且百毒不侵、刀槍不入、能上天下地、穿牆過壁，兼且隨時丟下一句沒人能猜得透的說話，便升天成佛。

可惜，我不是。於是乎我望着她說：「啊，不止會病啊，還會死的。」

「啊～～～～」她的眼神，由彷彿懷疑我是佛祖降臨，到發現原來這不過是個會死的凡人，虛浮的表情中，多了一絲不屑。

如果我認識達賴喇嘛，那刻我想我會遞上他的咭片（如果他有的話），轉介這個病人給他。不過現在的達賴喇嘛是第十四世的，之前也死了十三次，恐怕也難以令這位女士滿意。

我也終於明白醫生為何年中放那麼多假，只怕有一半是病了不敢告訴病人。日日對着那麼多病人，但病了卻不敢告訴別人，長久下去是會心理不平衡的。

除了身體的疾病，心的問題也是一樣。作為一個專業的心理治療師，人們也是覺得你心理異常地健康，每天應該生活得像童話故事，happily forever and ever。當我把這句話告訴一個 CP，即 clinical psychologist，臨床心理學家時，她不停地用力點頭，彷彿看見了世上最難得的知己，差點想跟我來個哭得涕淚長流的擁抱。

我忽然覺得，自己不該在這裏瞎寫了，應該做個聖人，用三昧真火燒了自己留下一堆不知是腎石、膽石還是舍利的東西。不然就是寫封信去青山請他們收留我，因為這個世界的期望與我所想的出現了扭曲性的偏差，我出現了聖人的幻覺，別人覺得我要打救地球，但實際上仍然是個只有五呎高的婦孺，會聽五月天，迷戀過都敏俊也妒忌過全智賢。

人活得真的很矛盾，明明知道醫生會病、聖人會死，但卻偏偏期待治療自己的那個不會病、不會死，而且恒久快樂。但當遇上一個真正人生順遂的治療師時，你又覺得他說的話、過的日子枯燥乏味，及不上一個飽歷風霜在荊棘途上走過來的人，叫人心動神迷。

人，要活得像人才有味道。有喜怒哀樂、有生老病死。治療師擁有的只是治療別人或幫助別人治療自己的能力，正所謂當局者迷，能醫不自醫，宇宙是公平的，如果一個人甚麼事都只靠自己便能做好，那麼世上就不需要有任何的關係。而人的快樂與幸福，從來不是一個孤島上的浮木。

一個人，如果單靠愛自己便能快樂、能自己醫病、能不理會任何人，這種叫做 narcissistic（自戀），是病態心理的一種，被美國的《精神疾病診斷準則手冊》（*DSM 5*）歸入人格障礙的類別，需要接受治療。

所以，以後我病了，請來給我一點問候；發現我不開心了、悲傷了，請給我一個溫暖的擁抱。佛陀，世上只有一個；耶穌，也在天上了。在這凡塵俗世間，我們都不過是副血肉之軀，雖沒有超凡入世的能耐，然而，當你生病了、悲傷了、憤怒了、寂寞了，至少——我懂。

因為，我也是這樣活過來的，而且還一直都是這樣地活着。

心的痛，身體都知道

責任編輯　寧礎鋒
書籍設計　黃詠詩
作者　安靜

出版　P.PLUS LIMITED
香港北角英皇道四九九號北角工業大廈二十樓
20/F., North Point Industrial Building,
499 King's Road, North Point, Hong Kong
香港發行　香港聯合書刊物流有限公司
香港新界大埔汀麗路三十六號三字樓
印刷　美雅印刷製本有限公司
香港九龍觀塘榮業街六號四樓A室
版次　二〇二〇年七月香港第一版第一次印刷
規格　三十二開（125mm x 180mm）三二八面
國際書號　ISBN 978-962-04-4674-0

Published & Printed in Hong Kong

P+ Limited